陳福成編著

陳福成著作全編

第七十二冊　台大逸仙學會

文史哲出版社印行

國家圖書館出版品預行編目資料

陳福成著作全編 / 陳福成編著. -- 初版. --臺北
市：文史哲,民 104.08
頁： 公分
ISBN 978-986-314-266-9（全套：平裝）

848.6 104013035

陳福成著作全編

第七十二冊 台大逸仙學會

編著者：陳 福 成
出版者：文 史 哲 出 版 社
http://www.lapen.com.tw
登記證字號：行政院新聞局版臺業字五三三七號
發行人：彭 正 雄
發行所：文 史 哲 出 版 社
印刷者：文 史 哲 出 版 社
臺北市羅斯福路一段七十二巷四號
郵政劃撥帳號：一六一八〇一七五
電話886-2-23511028 · 傳真886-2-23965656
全 80 冊定價新臺幣 36,800 元
二〇一五年（民一〇四）八月初版

ISBN 978-986-314-266-9 08981

陳福成著作全編總目

壹、兩岸關係

①決戰閏八月
②防衛大台灣
③解開兩岸十大弔詭
④大陸政策與兩岸關係

貳、國家安全

⑤國家安全與情治機關的弔詭
⑥國家安全與戰略關係
⑦國家安全論壇。

參、中國學四部曲

⑧中國歷代戰爭新詮
⑨中國近代黨派發展研究新詮
⑩中國政治思想新詮
⑪中國四大兵法家新詮：孫子、吳起、孫臏、孔明

肆、歷史、人類、文化、宗教、會黨

⑫神劍與屠刀
⑬中國神譜
⑭天帝教的中華文化意涵
⑮奴婢妾匪到革命家之路：復興廣播電台謝雪紅訪講錄
⑯洪門、青幫與哥老會研究

伍、詩〈現代詩、傳統詩〉、文學

⑰幻夢花開一江山
⑱赤縣行腳・神州心旅
⑲「外公」與「外婆」的詩
⑳尋找一座山
㉑春秋記實
㉒性情世界
㉓春秋詩選
㉔八方風雲性情世界
㉕古晟的誕生
㉖把腳印典藏在雲端
㉗從魯迅文學醫人魂救國魂說起
㉘六十後詩雜記詩集

陸、現代詩（詩人、詩社）研究

㉙三月詩會研究
㉚我們的春秋大業：三月詩會二十年別集
㉛中國當代平民詩人王學忠
㉜讀詩稗記
㉝嚴謹與浪漫之間
㉞一信詩學研究：解剖一隻九頭詩鵠
㉟囚徒
㊱胡爾泰現代詩臆說
㊲王學忠籲天詩錄

柒、春秋典型人物研究、遊記

㊳山西芮城劉焦智「鳳梅人」報研究
㊴在「鳳梅人」小橋上

㊵我所知道的孫大公
㊶為中華民族的生存發展進百書疏
㊷金秋六人行
㊸漸凍勇士陳宏

捌、小說、翻譯小說

㊹迷情・奇謀・輪迴、
㊺愛倫坡恐怖推理小說

玖、散文、論文、雜記、詩遊記、人生小品

㊻一個軍校生的台大閒情
㊼古道・秋風・瘦筆
㊽頓悟學習
㊾春秋正義
㊿公主與王子的夢幻、
51洄游的鮭魚
52男人和女人的情話真話
53台灣邊陲之美
54最自在的彩霞
55梁又平事件後

拾、回憶錄體

56五十不惑
57我的革命檔案
58台大教官興衰錄
59迷航記、
60最後一代書寫的身影
61我這輩子幹了什麼好事
62那些年我們是這樣寫情書的
63那些年我們是這樣談戀愛的
64台灣大學退休人員聯誼會第九屆理事長記實

拾壹、兵學、戰爭

65孫子實戰經驗研究
66第四波戰爭開山鼻祖賓拉登

拾貳、政治研究

67政治學方法論概說
68西洋政治思想史概述
69中國全民民主統一會北京行
70尋找理想國：中國式民主政治研究要綱

拾參、中國命運、喚醒國魂

71大浩劫後：日本 311 天譴說
日本問題的終極處理

拾肆、地方誌、地區研究

72台大逸仙學會
73台北公館台大地區考古・導覽
74台中開發史
75台北的前世今生
76台北公館地區開發史

拾伍、其他

77英文單字研究
78與君賞玩天地寬（文友評論）
79非常傳銷學
80新領導與管理實務

總序：陳福成的一部文史哲政兵千秋事業

陳福成先生，祖籍四川成都，一九五二年出生在台灣省台中縣。筆名古晟、藍天、司馬千、鄉下人等，皈依法名：本肇居士。一生除軍職外，以絕大多數時間投入寫作，範圍包括詩歌、小說、政治（兩岸關係、國際關係）、歷史、文化、宗教、哲學、兵學（國防、軍事、戰爭、兵法），及教育部審定之大學、專科（三專、五專）、高中（職）等各級學校國防通識（軍訓課本）十二冊。以上總計近百部著作，目前尚未出版者尚約二十部。

我的戶籍資料上寫著祖籍四川成都，小時候也在軍眷長大，初中畢業（民57年6月），投考陸軍官校預備班十三期，三年後（民60）直升陸軍官校正期班四十四期，民國六十四年八月畢業，隨即分發野戰部隊服役，到民國八十三年四月轉台灣大學軍訓教官。到民國八十八年二月，我以台大夜間部（兼文學院）主任教官退休（伍），進入全職寫作高峰期。

我年青時代也曾好奇問老爸：「我們家到底有沒有家譜？」

他說：「當然有。」他肯定說，停一下又說：「三十八年逃命都來不及了，現在有個鬼啦！」

兩岸開放前他老人家就走了，開放後經很多連繫和尋找，真的連鬼都沒有了，茫茫無垠的「四川北門」，早已人事全非了。

但我的母系家譜卻很清楚，母親陳蕊是台中縣龍井鄉人。她的先祖其實來台不算太久，按家譜記載，到我陳福成才不過第五代，大陸原籍福建省泉州府同安縣六都施盤鄉馬巷。

第一代祖陳添丁、妣黃媽名申氏。從原籍移居台灣島台中州大甲郡龍井庄龍目井字水裡社三十六番地，移台時間不詳。陳添丁生於清道光二十年（庚子，一八四〇年）六月十二日，卒於民國四年（一九一五年），葬於水裡社共同墓地，坐北向南，他有二個兒子，長子昌，次子標。

第二代祖陳昌（我外曾祖父），生於清同治五年（丙寅，一八六六年）九月十四日，卒於民國廿六年（昭和十二年）四月二十二日，葬在水裡社共同墓地，坐東南向西北。陳昌娶蔡匏，育有四子，長子平、次子豬、三子波、四子萬芳。

第三代祖陳平（我外祖父），生於清光緒十七年（辛卯，一八九一年）九月二十五日，卒於（年略記）二月十三日。陳平娶彭宜（我外祖母），生光緒二十二年（丙申，一八九六年）六月十二日，卒於民國五十六年十二月十六日。他們育有一子五女，長子陳火，長女陳變、次女陳燕、三女陳蕊、四女陳品、五女陳鶯。

以上到我母親陳蕊是第四代，到筆者陳福成是第五代，與我同是第五代的表兄弟姊妹共三十二人，目前大約半數仍在就職中，半數已退休。

寫作是我一輩子的興趣，一個職業軍人怎會變成以寫作為一生志業，在我的幾本著作都詳述（如《迷航記》、《台大教官興衰錄》、《五十不惑》等」。我從軍校大學時代開始寫，從台大主任教官退休後，全力排除無謂應酬，更全力全心的寫（不含為教育部編著的大學、高中職《國防通識》十餘冊）。我把《陳福成著作全編》略為分類暨編目如下：

壹、兩岸關係

①《決戰閏八月》②《防衛大台灣》③《解開兩岸十大弔詭》④《大陸政策與兩岸關係》。

貳、國家安全

⑤《國家安全與情治機關的弔詭》⑥《國家安全與戰略關係》⑦《國家安全論壇》。

參、中國學四部曲

⑧《中國歷代戰爭新詮》⑨《中國近代黨派發展研究新詮》⑩《中國政治思想新詮》⑪《中國四大兵法家新詮：孫子、吳起、孫臏、孔明》。

肆、歷史、人類、文化、宗教、會黨

⑫《神劍與屠刀》⑬《中國神譜》⑭《天帝教的中華文化意涵》⑮《奴婢妾匪到革命家之路：復興廣播電台謝雪紅訪講錄》⑯《洪門、青幫與哥老會研究》。

伍、詩〈現代詩、傳統詩〉、文學

⑰《幻夢花開一江山》⑱《赤縣行腳·神州心旅》⑲《「外公」與「外婆」的詩》、⑳《尋找一座山》㉑《春秋記實》㉒《性情世界》㉓《春秋詩選》㉔《八方風雲性情世界》㉕《古晟的誕生》㉖《把腳印典藏在雲端》㉗《從魯迅文學醫人魂救國魂說起》㉘《60後詩雜記詩集》。

陸、現代詩（詩人、詩社）研究

67《政治學方法論概說》68《西洋政治思想概述》69《中國全民民主統一會北京行》70《尋找理想國：中國式民主政治研究要綱》。

拾參、中國命運、喚醒國魂

71《大浩劫後：日本311天譴說》、《日本問題的終極處理》72《台大逸仙學會》。

拾肆、地方誌、地區研究

73《台北公館台大地區考古・導覽》74《台中開發史》75《台北的前世今生》76《台北公館地區開發史》。

拾伍、其他

77《英文單字研究》78《與君賞玩天地寬》（別人評論）79《非常傳銷學》80《新領導與管理實務》。

我這樣的分類並非很確定，如《謝雪紅訪講錄》，是人物誌，但也是政治，更是歷史，說的更白，是兩岸永恆不變又難分難解的「本質性」問題。

以上這些作品大約可以概括在「中國學」範圍，如我在每本書扉頁所述，以「生長在台灣的中國人為榮」，以創作、鑽研「中國學」，貢獻所能和所學為自我實現的途徑，以宣揚中國春秋大義、中華文化和促進中國和平統一為今生志業，直到生命結束。我這樣的人生，似乎滿懷「文天祥、岳飛式的血性」。

抗戰時期，胡宗南將軍曾主持陸軍官校第七分校（在王曲），校中有兩幅對聯，一是「升官發財請走別路、貪生怕死莫入此門」，二是「鐵肩擔主義、血手寫文章」。前聯原在廣州黃埔，後聯乃胡將軍胸懷，「鐵肩擔主義」我沒機會，但「血手寫文章」的

「血性」俱在我各類著作詩文中。

人生無常，我到六十三歲之年，以對自己人生進行「總清算」的心態出版這套書。

回首前塵，我的人生大致分成兩個「生死」階段，第一個階段是「理想走向毀滅」，年齡從十五歲進軍校到四十三歲，離開野戰部隊前往台灣大學任職中校教官。第二個階段是「毀滅到救贖」，四十三歲以後的寫作人生。

「理想到毀滅」，我的人生全面瓦解、變質，險些遭到軍法審判，就算軍法不判我，我也幾乎要「自我毀滅」；而「毀滅到救贖」是到台大才得到的「新生命」，我積極寫作是從台大開始的，我常說「台大是我啟蒙的道場」有原因的。均可見《五十不惑》、《迷航記》等書。

我從年青立志要當一個「偉大的軍人」，為國家復興、統一做出貢獻，為中華民族的繁榮綿延盡個人最大之力，卻才起步就「死」在起跑點上，這是個人的悲劇和不智，正好也給讀者一個警示。人生絕不能在起跑點就走入「死巷」，切記！切記！讀者以我為鑑！在軍人以外的文學、史政有這套書的出版，也算是對國家民族社會有點貢獻，對自己的人生有了交待，這致少也算「起死回生」了！

順要一說的，我全部的著作都放棄個人著作權，成為兩岸中國人的共同文化財，而台北的文史哲出版有優先使用權和發行權。

這套書能順利出版，最大的功臣是我老友，文史哲出版社負責人彭正雄先生和他的夥伴們。彭先生對中華文化的傳播，對兩岸文化交流都有崇高的使命感，向他和夥伴致上最高謝意。

台北公館蟾蜍山萬盛草堂主人　陳福成　誌於二〇一四年五月榮獲第五十五屆中國文藝獎章文學創作獎前夕

序：感謝「台大逸仙學會」給我一種叫「動機」的東西

民國九十九、一百年間，我參加兩次台大逸仙學會，我深深感受到這個學會散發著一種光明、正面的價值，深值加以大大的宣揚，在各大學複製、創新，使各大學也有「逸仙學會」這樣的團體。這是我的原始動機。

一百年五月間，我和陳國華教授多次聊起這種正面價值，要如何的宣揚！我計劃出版本書，需要相關資料。陳教授提供逸仙學會的檔案，使我的動機向前邁進一步。

五月的會長交接，黨中央青年部林奕華主任蒞臨致詞，她的一句「我們撤出了，人家進去了。」讓我的動機有急迫感，應盡快把台大逸仙學會的做法、精神宣揚出去。

我加緊腳步，匆匆編成本書，我定位成一本宣傳手冊，呈給統派、國民黨、各黨派。本書同意任何統派之有心人、團體、民代、同志，廣為印刷宣傳，惟須保留作者原內容，由原出版社印製，以示負責。

本書付梓之前，我要特別感謝也是逸仙學會老會員，也是本校退休的教官鄭義峰大學長，他同意把「逸仙學會今昔」一文，列為本書附錄。記得今（一百）年七月十三日夜晚了，我打電話給鄭老大哥，表示正在編寫這樣的一本書，他的文章應該讓更多的逸仙朋友、國民黨、統派等各方看到，老大哥欣然同意，非常感謝，也謝謝陳國華教授提供這篇文章，我才有機會看到！

剩下的，就讓我們好好打一仗，發揚逸仙思想，使逸仙思想的光輝照耀神州整個大地。（台大逸仙學會會員　陳福成二〇一一年八月草於台北萬盛草堂）

註：本書呈送本黨上級同志：包括馬英九總統、主席、賴士葆立委、潘家森主任、李慶元議員、夏大明主任、林奕華主任，請酌辦參。

價值典範的複製：台大逸仙學會

——兼論統派經營中國統一事業大戰略要領芻議

目 次

①民國 100 年 5 月 26 日，台大逸仙學會新舊任會長交接，中午在台大筑軒交誼廳餐會。
左起：陳國華教授（交）、副校長包宗和教授、馬小康教授（接任），以下到⑫同交接典禮。

②交接，傳承神聖的任務。

③羅漢強教授（左）、黃滬生主任（右）。

④國民黨青年部林奕華主任（左）蒞臨致詞。
陶錫珍教授（左二）、陳國華教授（右二）、副校長包宗和教授。

⑤左起：陳福成（本書作者）、林奕華主任、陳國華教授、陶錫珍教授、馬小康教授。

⑥左起：吳元俊主任教官、吳信義主任教官、朱媽媽、朱炎院長、鄭大平主任教官（後站）。

⑦左起：梁乃匡教授、鄭大平、吳元俊。

⑧左起：陳國華、包宗和、馬小康、梁乃匡。

⑨左起：葉文輝組長、游若萩教授。

⑩國民黨青年部林奕華主任(站立)致詞。

⑪左起：陳福成、林奕華、陳國華、陶錫珍、吳元俊（站立）。

⑫左起：吳信義、吳元俊、林奕華、陳福成。

⑬台大逸仙學會 100 年會員大會，於三月二十五日在校總區綜合體育館（新館）舉行，會長陳國華教授致詞，以下到⑳同會員大會。

⑭會員與來賓合照。

⑮台北市李慶元議員致詞，右是台大最美麗的司儀陳梅香小姐。

⑯左起：北市黨部潘家森主委、賴士葆立委。

⑰賴士葆立委致詞。

⑱吳普炎會員報告。

⑲北市黨部夏大明主任致詞。

⑳北市黨部潘家森主委致詞。

緒言：本書寫作、編成動機說明

當我一面寫作、編成這本書，也在想這本書是怎樣的一本書（定位）！即非論文，又非創作，更非散文。比較合理的定位，像是一本統派或逸仙學會的宣傳手冊。

但為何要出版這本書？為何以逸仙學會的檔案資料為背景，每頁用一半空間展示逸仙學會近幾年來走過的「腳印」，讓「腳印」自己說話，試提以下幾項動機。

第一、「台大逸仙學會」深值在全國各大學「複製」，本學會代表一種正面價值的典範模式。各大學應成立這樣的組織（當然國民黨要先形成政策、修訂相關組織章則，由黨來正式推動，在各大學的國民黨員、黨友、支持者，不論師生都能參與。）而後，各大學才組成如：「政大逸仙學會」、「師大逸仙學會」、「成大逸仙學會」……等。假如中山大學沒有「中山逸仙學會」之運作，也太說不過去了。

筆者希望用這本宣傳小書來喚起國民黨重視此事，畢境我是四十多年的老黨員，不忍看見大學校園這塊「寶地」，黨自退出至今竟未思考要重新「佔領」，任其被獨派毒化了。對黨、對台灣、對中華文化、對那些年青人，損失太大、太大、太大。

第二、宣揚正面、寶貴、無價的價值。我多次與陳國華教授走在校園中，聊到不僅逸仙學會是一個值得在各大學複製的模式，也因為逸仙

联合報 2011.6.8

白先勇呼籲 大學多教傳統文化

近代人文教育「全面偏向西方」讓學生對中國藝術有疏離感 他開崑曲課 就是小規模的復興

【記者陳智華／台北報導】知名作家白先勇（見下圖，記者胡經周攝影）憂心人文教育「全面偏向西方」，昨天在政大演講指出，西方文化、音樂、藝術是有過人之處，但不應拋棄中國傳統文化，若學校都不教，會對自己文化失去自信。他呼籲大學應開設中國藝術、音樂及戲曲欣賞等課程。

白先勇近年來推廣崑曲，這學期在台大開課講授「崑曲新美學」通識課，造成轟動，初選有兩千多名學生登記，最後只有四百人順利選修。昨天他到政大演講，主題是「談大學的人文教育—從設立崑曲課程講起」。

他說，近代教育好像是部追趕西方科技教育的奮鬥史，科學教育訓練大批人才，然而從小學到大學，中國傳統文化藝術卻漸漸式微，被課程排除，山水畫不見了，學的是西畫；音樂學的也幾是西洋樂器，戲劇系則以話劇為主。

他認為，西方音樂、藝術是有過人之處，但不應拋棄中國傳統文化，如學校不教，會讓傳統文化被誤認為是次等藝術，讓大家對中國文化失去信心。

他強調，西方文化有值得學習的地方，但如對自己文化沒素養，要研究別人文化也不易吸收。不只崑曲，連京劇等都有危機，「學生對傳統文化有疏離感，是教育造成的」，因為沒有好東西吸引他們，引導他們。

白先勇近年來在台灣、香港、美國、大陸等大學推廣崑曲，並且開課，已有廿萬人次接觸崑曲，反應都很熱烈。他說，崑曲還很有希望，是小規模的復興，當作學校傳統文化的啟蒙課程很適合。

台大崑曲通識課就快結束，白先勇說「學生覺得有趣，不會睏覺」，之前請畫家奚淞上課，講到水墨畫、崑曲中的佛等，很多是人生大道理，學生受益多，還有男學生當場感動到哭。

白先勇說，台大的課是否繼續開，會不會到政大上課，都要看學校，下學期沒有計畫在台灣的大學開課，明年則會到香港中文大學開崑曲課。

一個白先勇強过多少統派的努力

學會所包涵的精神及其相同立場之陣營，有很多正面價值可以宣揚。

◎例如：禮義廉恥、忠孝仁愛信義和平，這些不能丟掉。

◎又如「統一」、中華文化、孔孟、李白、杜甫……

◎中國的音樂、藝術……

◎乃至媽祖（林默娘，宋代福建莆田人）、關聖帝君（關公，三國時代山西運城人）、三官大帝（堯舜禹）……台灣民間信仰眾神，那個不是中國人、中國神？有誰聽過獨派的人談禮義廉恥？談李白杜甫？

宇宙間最值得宣揚的價值便是這些，中國歷史上所有政權的垮台終結（包含扁政八年），都因失去這些正面無價之寶貴價值，才會「結束營業」的；從未聞任何政權丟了財錢就被終結，未之有也！

今逸仙學會及所有統派陣營手握這些無價之寶，應大膽、光明正大的宣揚，教育人民中華文化是寶物，「統一」是台灣唯一的路，最有利的路，何須畏首畏尾？

第三、批判貪腐、揭發黑暗面，使台獨本質現形。宣揚正面價值的同時，若不批判貪腐、揭發黑暗面，使台獨本質現形，一方面讓人民看的更清楚，再者對魔鬼產生巨大壓力，使其萎縮。獨派執政八年搞垮了台灣！便是證據，連大頭目都進了牢房，台獨政權成了洗錢政權。

再者，台獨和貪污洗錢，也有必然的連結關係。因台獨的不具合法性，根本是非法行為，是歷史中的「異形」，是中華民族的「孽子」、不孝子孫，極短命的舞台，這種舞台能幹啥?當然就是A錢洗錢，有位子有權力的快手A錢，吃飽撈飽了，也快快走人，天涯海角走的遠遠的，在一座孤獨的豪宅內終老一生。

第四、提供統派在台灣經營中國統一大業戰略指導構想（本書第九章）參考。宣揚和批判之外，若不對魔鬼開戰打擊，魔鬼不會自動去跳樓自殺，結束生命，等有了機會又「春風吹又生」。開戰需要戰爭、戰略上的指導策略，必能「全殲」頑敵。

本書寫作、編成時間匆忙，也因要配合逸仙學會活動把書送到同仁手中，未有時間問道於本會各前輩、好友。第一版先試探行情，請逸仙的朋友指正，於第二版時修訂。

（台大逸仙學會會員、國民黨老黨員　陳福成　二〇一一年八月草於台北公館萬盛山莊）

第一章　陽明山聚集正法正氣・消滅魔道

我國歷史向來有一治一亂說，亦有統一和分裂的循環現象，這到底是一種難以詮釋的現象，或本質即如此。若如孟子所言是一種「五百年治亂的循環」，那麼幾可普遍解釋成人類社會的常態，換言之，是宇宙間各世界「成住壞空」的自然循環。

孟子的說法我是質疑的，因為「亂世、魔道」的出現，似乎變的正常了；但孟子是我國主張「人民有權革命」最力的思想家，當統治階層腐敗，魔道橫行，不顧人民死活時，孟子堅定主張「人民革命」，起來推翻腐敗政權，恢復社會的公理正義。

再者，孟子「定於一」思想，也為中國兩千多年來維持「大一統」政局下「指導棋」。孟子以後的我國許多思想家、政治家及文史哲諸家，都在詮釋孟子的思想。

所以，中國歷史上許多分裂政權、地方割據政權，都在「大一統」的自動機制啟動下，結束了！恢復成為一個統一、安定的中國；在大一統機制下，那些邪魔歪道，就完全失去了張牙舞爪的舞台，消滅了魔道，還人間道一幅乾乾淨淨的美景。

台大逸仙學會的同仁們！我們何其有幸！五千年分分合合的大歷史，我們又正好活在這個國家分裂的大時代，這麼多年來有多少邪魔歪道，在你面前橫行，而你無可奈何！魔道騎在人民頭上，吃香喝辣，吸人民的血，你亦無可奈何！邪魔「四大王」之一的游錫堃稱你是「中國豬」，你能奈之何！

勿懼！別怕！中華文化的力量、孔孟思想的能耐，無窮如大海洋，魔道一劍刺來，雖深入海洋，但不久那劍必銹死壞滅，不是嗎？

你可回顧百餘年來至今兩岸發展情勢，憑著「孫逸仙思想」的信念，我們終結滿清腐敗，救民族於危亡；我們終結軍閥內戰，完成國家統一；我們終結小日本鬼子的侵略，國家免於淪落異族統治！

這幾十年來大陸的改革？為什麼放棄了共產主義？放棄了「馬列化中國」的道路？

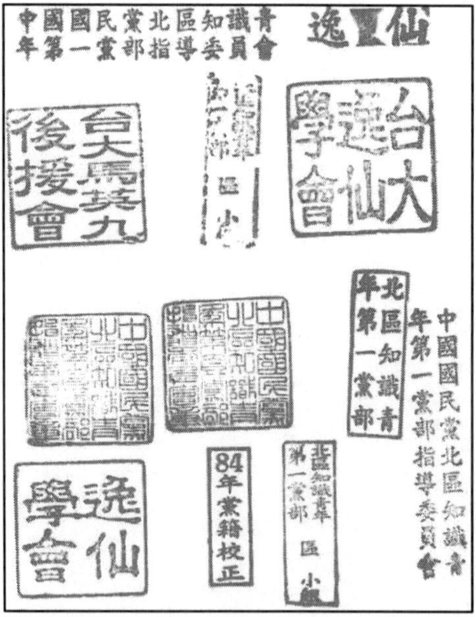

為什麼重新擁抱中華文化（現在大陸搞復興文化比台灣積極）？為什麼二〇〇五年十月，中國國務院發布「中國式民主政治白皮書」？（註一）為什麼？許多為什麼？？

你可以說這是「孫逸仙思想」的力量，是中華文化的力量，也是孔孟思想的力量。迫使中國永遠是「中國式」的，而不是「馬列」或其他任何式的！

所以，勿懼！別怕！由於這種中國式的「春秋大義」力量的存在，也迫使魔道大頭頭陳水扁親口說出「台獨不可行」的話，硬搞台獨下去，便是自我的「終結者」，原來魔鬼也怕死！

魔道頭頭雖說出「台獨不可行」的話，但群魔為找尋生存舞台，頭頭雖已被人間正義正氣之道關入天牢，邪道餘孽卻仍在妖言惑眾，使盡「吃奶」的力量扭扎著！

各位台大逸仙學會會員：　大家好！

我門許久未相聚謀面，願大家平安如意。

本學會爲慶祝九十七年雙十國慶暨提倡健康休閒活動及聯絡會員情誼，特舉辦陽明山健行活動。舉辦日期：雙十國慶日(星期五)上午 8 點 30 分至下午 2 點止；活動地點：陽明山公車總站健行至竹子湖(分三階段進行，每階段行程約 30 分至 40 分，每段中間約休息 30 至 60 分；可自行選擇所需行程)；報名日期：即日起至 9 月 9 日止。請詳閱附件「活動」規劃。

敬請　貴會員攜眷報名參加本次「登高健行」，並慶祝雙十國慶。期盼您們光臨並共襄盛舉。

台大逸仙學會會長　陳國華 敬上

中華民國九十七年八月八日

台大逸仙學會

逸仙學會慶祝雙十國慶登山健行活動

一、主旨：爲慶祝中華民國雙十國慶日暨提倡健康休閒活動和聯絡會員情誼，特舉辦本項活動。

二、活動時間：中華民國九十七年十月十日〈星期五〉，上午九點至下午二點。

三、報到時間及地點：當日〈十月十日〉上午 8 點 30 分於陽明山國家公園公車總站。

四、活動地點：陽明山國家公園〈公車總站到竹子湖〉

五、主辦單位：台大逸仙學會

六、參加資格：凡台大逸仙學會會員〈以民國 91 年會員名冊爲準〉及其眷屬皆可報名參加。

七、參加費用：

（一）會員免費.

（二）眷屬每名 150 元.

八、報名日期：即日起至民國九十七年九月九日止.

九、報名方法：

〈一〉填妥報名表〈見附件〉並繳交參加費用爲完成報名手續.

〈二〉繳交費用可利用郵政劃撥:

帳號：01399483　　戶名：陳國華

〈三〉聯絡方法

1、通訊地址：台北市大安區新生南路三段 56 巷 17 號

2、電話：〈o〉02-33669516　　〈H〉02-23695589

傳真：02-23695359　　手機：0928141281

3、e-mail：yd589@yahoo.com.tw

十、交通工具：

〈一〉自行乘坐台北捷運〈淡水線〉至劍潭站下車，由 1 號出口，轉乘公車紅 5〈車程約 40 分〉至陽明山公園公車總站報到.

〈二〉其他交通工具,可自行選搭開往陽明山之公車：535　539　219　230　260　S9　小 9 及休閒公車：111　109　110

十一、注意事項：

〈一〉報名繳費後，因故不克參加者恕不退費.

〈二〉主辦單位敬備中午便當、紀念品及摸彩品.

〈三〉請參加者自行攜帶雨具、開水、薄長袖衣、枴杖等自需用品.

〈四〉健行中請勿脫隊，請跟著『台大逸仙』〈籃底白字〉旗幟前進.

〈五〉健行全程分三階段，可依自己體能狀況選擇參與所需路程.

十二、未盡事宜，由主辦單位負責人決定之.

逸仙學會慶祝雙十國慶登山健行活動報名表

姓名： 性別：

出生年次：民國______年

參加人數：□本人；眷屬：____人。合計______人

用餐： □素食____人 □葷食____人

服務單位： 聯絡電話：

通訊地址：

E—mail：

…………………………………………………………………

附註：〈1〉願參加本活動者，請填妥報名表並繳交費用〈會員免繳其他人是每名150元〉

〈2〉報名日期：即日起至民國九十七年九月九日止.

〈3〉報名表可利用網路寄到 yd589@yahoo.com.tw
或傳真到：02—23695359

〈4〉報名費用：利用郵政劃撥，帳號：01399483 戶名：陳國華

***陽明山健行路線規劃*：**

第一階段

8:30 陽明山國家公園公車總站集合。9：00 出發，健行至陽明山公園花鐘「遊客中心」〈行程約 30 分鐘〉休息→自由活動、摸彩、致詞〈不繼續第二階段健行者於 11 時在此領用便當，用餐完畢自行參遊或返家〉

第二階段

10:00 出發，10:30 健行至陽明山國家公園遊客中心→休息並領用中午便當(11:00 領用)及自由活動〈不繼續第三階段健行者《行程約 45 分》可自行返家,此處有公車回台北〉

第三階段

11:30 出發，12:20 健行至竹子湖觀景台〈鄰派出所〉→休閒觀景→下午 2 點歸賦、返家〈有公車下山回台北〉

試看正當逸仙學會在陽明山聚集正法正氣，慶祝雙十國慶登山聯誼之際，正邪交鋒這一年，那邪魔歪道如何的扭扎！

◎扁家洗錢，阿扁開記者會向人民道歉。

◎扁家七億瑞士密帳來源……

◎陳致中、黃睿靚涉海外洗錢……

◎陳水扁聲押中……

◎扁告發李登輝洗錢十六億，啊！原來邪魔不光咬忠臣義士，魔鬼也會咬魔鬼！

看啊！那些人模人樣，騎在人民頭上公然洗錢的魔鬼一一現形。那些分離主義者，那些裂解族群團結的政客，那些危害我中華民族的「毒草」，能存活多久？就歷史發展看，藍營（統派）毫無悲觀的理由，甚至說有無限的優勢（後述）。

如果說中華文化是一座大海洋，那麼「台大逸仙學會」是這座大海洋中的小水滴，閃耀著清澈明淨的光輝。這小水滴，代表著五千年中國傳統文化，經由孫中山先生加入自創及西方文化的優點，融合提煉而成的「現代化中華文化」。

所以，現在的藍營在台灣經營中國統一大事業，就只要堅定信念，聚集團結，必然可以戰勝那些邪魔歪道。人間之道，古來邪不敵正，黑暗是暫時的。

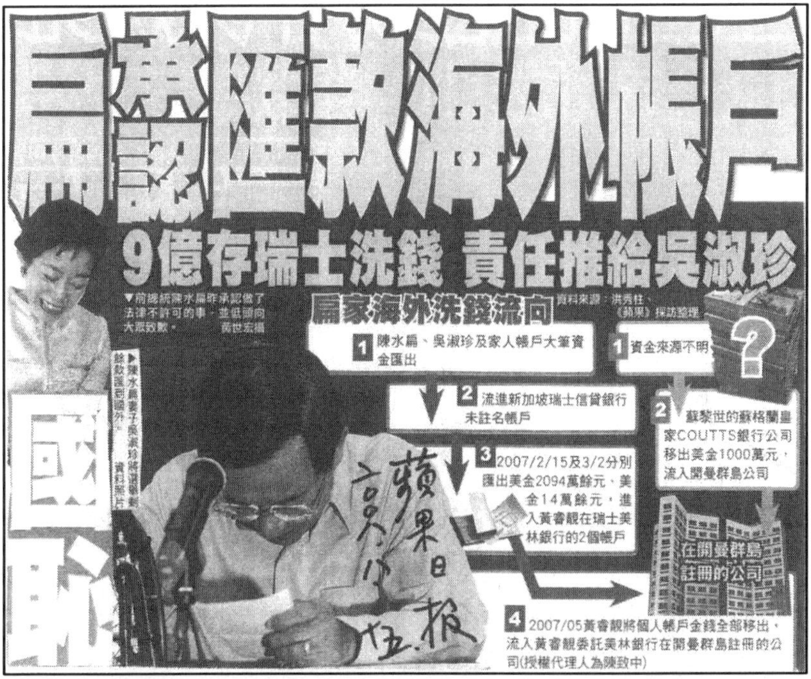

扁認匯款海外帳戶

9億存瑞士洗錢 責任推給吳淑珍

▼前總統陳水扁昨承認做了法律不許可的事，並低頭向大眾致歉。 黃世宏攝

▶陳水扁妻子吳淑珍將選舉剩餘款匯到國外。 資料照片

國恥

扁家海外洗錢流向
資料來源：洪秀柱、《蘋果》採訪整理
1 陳水扁、吳淑珍及家人帳戶大筆資金匯出
2 流進新加坡瑞士信貸銀行未註名帳戶
3 2007/2/15及3/2分別匯出美金2094萬餘元、美金14萬餘元，進入黃睿靚在瑞士美林銀行的2個帳戶
1 資金來源不明
2 蘇黎世的蘇格蘭皇家COUTTS銀行公司移出美金1000萬元，流入開曼群島公司
在開曼群島註冊的公司
4 2007/05黃睿靚將個人帳戶金錢全部移出，流入黃睿靚委託美林銀行在開曼群島註冊的公司(授權代理人為陳致中)
蘋果日報

扁家七億瑞士密帳來源說法變變變

時間	問題	扁家人說法
01/09	瑞士銀行詢問資金來源	黃睿靚：父親黃百祿投資所得 陳致中：結婚禮金 但未獲採信因此瑞士聯邦檢察署凍結黃睿靚帳戶。
08/14	陳水扁記者會	陳水扁：資金來源是選舉剩餘款 是吳淑珍將匯往海外，他今年一月才知情。
08/16	特偵組訪談詢問海外匯款資金來源	吳淑珍：選舉結餘款、嫁妝、陳水扁律師收入及投資所得。
08/22	特偵組正式偵訊吳淑珍	吳淑珍改口：錢是選舉結餘款。
08/25	陳致中、黃睿靚回台	陳致中：自己只是人頭。 黃睿靚：金錢來源不清楚，婆婆吳淑珍之指示。

製表：梁鴻彬

中國時報 97.8.26.

▲民進黨主席蔡英文接受本報專訪，談論830遊行、民進黨未來及總統馬英九執政問題。（陳君瑋攝）

扁家相關貪瀆案件偵辦簡表

所涉弊案	案情摘要	羈押人員	備註
國務機要費案	扁家涉嫌侵占國務機要費「機要費」及「機密費」共上億元	陳鎮慧、林德訓、馬永成	三人均因國務機要費案起訴
海外洗錢案	扁家將貪領國務機要費及企業賄款轉匯往國外	吳景茂	
詐領「安亞專案」機密外交費案	前國安會秘書長邱義仁涉嫌向外交部詐領50萬美元空白旅行支票，部分在海外賭場兌現	邱義仁	
竹科龍潭購地弊案	前竹科管理局長李界木在國科會向中信、和信辜家合開之「達裕」公司購地涉嫌收賄	李界木	
南港展覽館弊案	南港展覽館工程弊案，余政憲涉洩漏評選委員名單，郭銓慶涉行賄扁家九千萬，蔡銘哲涉擔任白手套	蔡銘哲、余政憲、郭銓慶（10月15日獲釋）	
葉盛茂洩漏扁家海外洗錢情資	前調查局長葉盛茂九十五年十二月、九十七年一月兩次洩漏扁家海外洗錢情資給陳水扁	葉盛茂	已起訴審理中
疑介入二次金改	十月十七日搜索中信、元大、開發等三大金控	無	蒐證調查中
疑介入SOGO經營權爭奪案	十一月六日特偵組再次到太流公司等處搜索	無	蒐證調查中

製表：郭良傑

97.11.12.
中國时报

當此天下可為之際，獨派洗錢貪污大案一件件見光，台大逸仙學會的同仁們，正在陽明山自在聯誼，聚集正法正氣。我們為什麼能自在？因為我們是台灣社會的安定力量，是未來中國統一的一股力量；我們不是台灣的「毒草」，不是台灣的亂源，不是這個世界的「麻煩製造者」，所以我們自在，自在的登山聯誼！

聯誼登山活動也同時慶祝雙十國慶，各界佳賓捐贈好禮，提供摸彩，副校長包宗和教授、學務長馮燕教授、本黨主席吳伯雄先生、主任委員潘家森、賴士葆委員、李慶元議員、理事主席游若簌、康世平主任及本會（台大逸仙學會），都提供上好實用贈品。

中獎者，宣家驊總教官、林福佐主任、周佳音……等不亦樂乎！

能來參加「台大逸仙學會」活動（及會員未參加者），意義都不止於健行、摸彩活動，這些只是一種助興。更深之

扁告發李登輝 洗錢16億

偵組昨天證實，陳水扁今年九月到台北地檢署為調查局前局長葉盛茂洩密案作證時，當庭告發李登輝涉嫌利用「鞏案」從事海外洗錢，金額高達十六億元；北檢將全案移由特偵組，由檢察官林喜慧偵辦。

但扁辦透過聲明迂迴表示，檢方會查李案，「是檢方在偵辦其他案件時發現相關事證而主動調查」，陳水扁也曾提供檢方資料，但否認告發李登輝洗錢是扁講的。

特偵組為清查「鞏案」資金流向，已到台北監獄訊問服刑中的國民黨前大掌櫃劉泰英，並約談扁告發涉嫌扮演李登輝洗錢人頭的陳國勝、李忠仁及國安局人員鄭光輝、廖松習及李志中；十月十五日，特偵組將這五人限制出境。

陳水扁多次公開指李登輝從八十四年起透過人頭陳國勝、李忠仁匯錢海外，直到九十年洗錢超過十六億元。李登輝反駁扁「黑白講」，以為賊戰術模糊焦點。

據了解，檢調發現，陳國勝與李忠仁戶頭的確有異常資金進出，進一步查出陳、李兩人曾擔任憲兵特勤人員，退職後轉往綽號「阿丁」的股市作手陳賢保公司擔任司機。

由於外傳陳國勝與李忠仁是劉泰英找來的人頭，調查人員月前曾訊問劉泰英和陳賢保，也約談陳國勝等人。陳賢保供稱，陳國勝與李忠仁是他公司的司機，因為他要買賣境外基金，借用兩人帳戶，帳戶中的錢與李登輝無關。

據了解，陳水扁九月五日為葉盛茂洩密案到北檢出庭時，當庭告發李登輝洗錢，並將手上的牛皮紙袋交給主任檢察官邢永發。牛皮紙袋裝的是李登輝任內的「鞏案報告」，也就是喧騰一時的國安密帳案。

陳水扁提供檢方的「鞏案報告」，出自調查局洗錢防制中心，內容詳述李登輝執政末期，約有十六億元國安密帳資金流向異常，其中約十億元被輾轉匯往新加坡等國家。

相關新聞見A2

97.12.27

台大逸仙學會慶祝(97)双十國慶、陽明山健行活動

報名費收入統計表

一、報名人數：79人（會員47人、眷屬32人）

二、收費標準：

(一)會員：免繳。但擬新加入之會員七人比照眷屬收費，每人繳150元。

(二)眷屬：每人繳150元，但郵局劃撥每名人扣15元。有一名報名參加，但未到場，亦未繳費。劃撥繳費者有

三、實際收費總額：

台大逸仙學會慶祝(97)双十國慶、陽明山健行活動摸彩得獎名單

捐贈者	贈品	抽獎者	中獎者
包副校長宗和	腳踏車壹輛	羅主任清強	鄧偉雄
馮學務長燕	腳踏車壹輛	宣總教官家驊	陳淑娟
吳主席伯雄	全雞電烤箱壹台	梁教授乃匡	李梅滿
潘主任委員家森	大型電燉鍋壹台	曹教授培熙	周佳音
台大逸仙學會	飛利浦DVD錄放影机壹台	鄧主任	林福佐
賴委員士葆	電燉鍋壹台	夏主任良玉	王知之
李議員慶元	禮品壹盒	王院長新華（師大林品校區）	宣家驊
游理事主席君鍒	洋傘五支	茅主任增榮	孫玉月、謝雪芬、孫素瑱、郭麗娟、王碧雲。
康主任世平	運動帽及T恤各拾件	黃主任璉華、劉教授秋麟	孫玉月、郭麗娟、梁乃匡、孫素瑱、謝雪芬、王新華、高孫木、鄭義峰、張和鎰、李方華。

意涵，代表「國父思想」的認同，代表對中華文化的一種「歸屬感」，當然更代表現在台灣的政治光譜中，你是統派（藍營），追求中國統一仍是你未來的理想；否則，你怎能挺起胸堂，自豪的說：「我是中國人也是台灣人，我是孫中山的信徒。」

台大逸仙學會一路走來，始終如一。不論他的名稱叫「中國國民黨北區知識青年第一黨部指導委員會」、「逸仙學會」、「逸仙」、「台大馬英九後援會」等，我們堅持站在正義的一方，我們堅持站在「禮義廉恥」的一方，「我在中國在。中國在我在」！

而那邪魔歪道、台灣毒草、國際麻煩製造者，不是一個個上了手銬，送進天牢；有的正在互咬，

扁李互咬 絕情政治 赤裸人性

本報記者林河名

聯合報

陳水扁從今年八月十四日承認「做了法律所不允許的事情」之後，就把李登輝拖下水。兩位前總統一路互咬，搞到扁被起訴後，李也被偵查涉嫌洗錢，昔日情同父子的摩西與約書亞，如今反目，形同水火。

扁對李的批駁，不僅透過記者會親自上陣，還有嫡系立委高志鵬在立法院代為砲轟，並不只一次要求檢方偵辦。媒體報導陳水扁「告發」李登輝涉嫌洗錢，外界原本並不意外，但扁為推卸責任，竟然推稱李登輝不是他告發的，令人嘆為觀止。

也正因為這種得了便宜還賣乖的個性，讓李登輝與陳水扁這對曾經在台獨建國路上情同父子的前後任總統，變為形同陌路，甚至水火不容。

二○○○年政黨輪替，陳水扁風光獲得總統大位，李登輝卻被趕出國民黨大門；而民進黨雖然執政，但朝小野大讓扁難以施展，李登輝特別號召國民黨本土勢力，另組台聯為扁「鞏固政權」。

但李對扁一路相挺，卻換得絕情對待。扁自爆將競選結餘款匯留海外後，李登輝澄清時，特別把扁在二○○二年趁他住院時以兩位隨扈當人頭匯款的威脅往事都抖了出來，讓外界見識到扁的心機；縱使如此，扁在二○○四年尋求連任，他還是牽扁的手「守護台灣」，助扁連任。

二○○五年扁宋會，李不滿扁被宋楚瑜牽著走，說出「叫你去抓鬼，卻被鬼抓去」的名言後，兩人關係降至冰點；二○○六年國務要費案爆發後，李堅持不挺扁，卻被扁動員綠營全力圍剿，兩人從此反目成仇，而扁對李的批評，也一次比一次難聽。陳水扁甚至批李，不該真把他當作兒子。

虛構的父子之情既然蕩然無存，如今扁為了官司脫身而批李，也只是回歸政治現實及赤裸人性罷了。

97.12.27

惡魔指控另一隻惡魔說：「你是惡魔！」

當我著手寫本書時，已是廿一世紀的第十一個年頭。小馬哥的大三通早已啟動，陸客自由行開始了，這也等於「啟動統一機制」，兩岸走上統一，已是一條不可逆的路；反向的獨派陣營正在末日掙扎、掙扎，蔡英文的唯一機會是宣佈「放棄台獨」路線！

逸仙朋友們！大環境對我有利（後述），獨派末日已到，你能不開懷大笑，鼓掌叫好乎！

註：二〇〇五年十月十九日，中國國務院發布「中國式民主政治白皮書」，詳見作者另著「找尋理想國」，文史哲出版社，二〇一一年二月。

第二章　九十八年會員大會：我自裁撤，人家進來了！

台大逸仙學會九十八年會員大會，於三月二十七日在台大校總區綜合體育館舉行，由會長陳國華教授主持。

是會對會務、黨務與時政興革，頗多研討建言，各界佳賓，國民黨副主席吳敦義秘書長、台大副校長包宗和教授、國民黨青年部夏大明主任、前逸仙學會會長梁乃匡教授、前台大文學院院長朱炎教授、國民黨台北市黨部李正文書記長等，均蒞臨致詞。各佳賓的致詞中，夏大明主任的一段話，最引起大家的反思，並檢討未來做法，他說：

國立台灣大學逸仙學會九十八年會員大會

籌備會議程

開會日期：中華民國九十八年元月九日(星期五)中午 12 點至下午 1 點。

開會地點：峨嵋餐廳(台北市羅斯福路 3 段 316 巷 8 弄 10 號。電話：23655157)。

開會主旨：研議會員大會議程及其相關議題

主持人：陳國華

出席：台大逸仙學會執行幹部

討論議題：

一、會員大會程序

說明：

(一) 時間：中華民國九十八年三月二十七日(星期五)下午五時至九時

(二) 地點：國立台灣大學綜合體育館(新館)二樓 248 室演講廳

(三) 大會程序：

17:00~17:50：報到、用餐(在 247 室)、領取紀念品(憑開會通知領取)

18:00　　　：大會開始

18:00~18:10：典禮程序(唱國歌向國旗暨國父

國民黨在野八年，知青黨部的裁撤，對校園黨部產生很大的影響……逸仙學會是目前各大專院校唯一保持運作的校國黨部組織……八年間的改變我們退出了，民進黨卻進來了……（檔案影印如後）。

多麼悲慘的事，「我們退出了」而邪魔歪道進了校園，台大逸仙學會竟成了全國的「唯一」，唯一能讓國民黨存在校園的大學；而那百分之九十九的地盤（大學），大概絕大多數給敵手佔領，十年了，我們為何不思「反攻」或再佔領回來，統派有太多優勢（如後述），為何不用？

其實深研現代國共鬥爭史的人，就知道國民黨一直在犯同樣的錯，每次都「乖

文宣：官俊榮　陳梅燕　　製作及布置大會會場指引、會場歡迎海報、大會程序表等

開會通知：陳國華、簡惠爵　　寄發、聯繫、統計人數

報到服務：鄭大平、高閩生、林福佐、簡惠爵　　簽到、發送資料、紀念品、餐飲

接待：羅漢強、梁乃匡、曹培熙、官俊榮、陶錫珍、陳梅香、陳健傑、蘇豐凱　　現場接待來賓

決議：

、推選本會執行委員會委員

說明：

(一) 本會歷年來設有委員若干員(13 名至 17 名)以便協助會務之推展，並擔任各單位(學院)之聯繫事務。

(二) 本會本屆會長改選時，未一併改選委員，委員的任期已經超越期限。

(三) 爲符合「法定程序」擬請改選本會執行委員會之委員，以利會務的推展。任期至民國九十九年七月三十一日止。

遺像行敬禮)

18:10~18:20：主席致詞(及介紹來賓)

18:20~18:40：來賓致詞

18:40~18:50：工作報告

18:50~19:20：議案討論

19:20~19:30：選舉執行委員會委員

19:30~20:30：(會務、黨務、時政)座談會

20:30~20:40：宣布選舉結果

20:40　　：大會結束

決議；

二、大會工作職掌分配

職稱	姓名	工作要項
主席	陳國華	
司儀	陳梅燕	
記錄	茅增榮	準備錄音設備、出席簽到、整理紀錄
總務	葉文輝	訂購便當(80 元 x80)、礦泉水(10 元 x72)、熱茶、紙杯、大會紅布條、紀念品等
攝影	簡惠爵	

乖的」把江山讓人。在大陸時期，中共在校園鬥爭國民黨，把國民黨趕出校園，共黨勢力便控制所有校園，知識青年幾一面倒向共黨。於此，我在複習一段抗戰勝利後的歷史概要。

中國對日抗戰雖然勝利，但中共已經坐大發展，並進入其第三階段——奪取政權。此時期正是戰後國家元氣大傷，經濟凋蔽，人心厭戰，而國際共黨滲透美國決策部門，左右對華政策。蘇聯更直接、間接對中共提供支援，即國內外環境均對中共有利，中共於是從軍事與政治各個層面對國民政府發動總攻擊。運用「民主同盟」發動罷工、罷課、罷市、罷耕、罷稅等，製造社會動亂。光是民國三十五年十二月

說明：

元月九日：　會員大會籌備會議。

三月二十七日：召開會員大會。

四月十一日：　舉辦氣功研習班(與台大教聯會和新台大聯誼會合辦)

(每周六一次

共十二週)

十月三日：　慶祝雙十國慶日騎單車郊遊(福和橋下至淡水)

(星期六)

九十八年

元月　九十九年會員大會籌備會議 及執行委員會會議。

五月下旬　會員大會及改選會長和委員。

決議：

六、審議九十八年經費預算

(一) 會員大會籌備會議後便餐　2500 元 x2=5000 元

(二) 九十八年會員大會預算：

1、 場地費：　5000 元

2、 會議資料打印：3 000 元

3、 寄發開會通知：6 元 x350=2100 元

4、 便當：　80 元 x100=8000 元

(四) 推選委員之建議名單如下：(預計選出 21 名，建議名單預

列 30 名)

(文學院)林火旺　(醫院)楊國民　(醫)黃璉華

(工)馬小康　(工)周家蓓　(生農)羅漢強

陸雲、官俊榮、游若篍、許明仁、

(生命)陶錫珍、陳瑞芬、(社科)包宗和、馮燕、王雲東

(僑輔組)周漢東、　(學務處)賈松林、(軍訓室)陳國慶

(林管處)范利枝

(退休教師)梁乃匡、丁一倪、 沙依仁、陳梅燕

(退休職員)宣家驊、 茅增榮、 夏良玉、鄧偉雄(前林管處秘

書)

(學生)(國發研二)蘇豐凱、(歷史夜五)陳健傑、(研協會副會長

畢)林育璉

(五)推選委員名額中，應選出休教師、退休職員和學生各二名

(六)各項職位均無給職

四、審核九十七年收支明細表

說明：

詳如附件(一)

五、審議九十八年年度工作計劃

到三十七年六月，由中共策動的學潮，就有九十六次，禍延全國十八個大都市，廿九所大專院校。而使用的手段不外反美、反戡亂、要挾學校行政、反對會考與積點制度。總之，無論任何雞毛蒜皮的事，都能策動成一個困擾政府的學潮。

再者俄軍乘國軍來不及進入東北時，迅速奪取日軍戰利品，如飛機、坦克車、步槍、騾馬、彈約庫、倉庫、指揮車等，全數交給中共使用。故此時期共軍勢力大增，而國軍勢力削弱。抗戰勝利後三年國共軍力消長已大大轉變，對國民黨大大的不利。

到民國三十八年三月，共軍經過冬季整編後，其兵力已達三三〇萬人，分編如下：

第一野戰軍司令彭德懷，兵力六〇萬人。

第二野戰軍司令劉伯承，兵力七〇萬人。

5、　礦泉水：　10 x72=720 元

6、　紀念品：　100 x150=15000 元

7、　預備金：　1180 元

合計：　35000 元

(三) 雙十國慶騎單車郊遊活動　30000 元

(四) 九十九年會員大會　35000 元

總 計：105000 元

3、針砭教育政策：　決議

決議

七、會務、黨務、時政建言座談會議案

臨時動議：

(一) 會務：

1、　如何強化台大逸仙聚會之組織及功能

散會

2、　其他：

(二)黨務：

1、　如何改進黨內競選公職之提名制度？

2、　如何加強公職黨員之團結力。

3、　如何有效監督黨員同志之廉能問政。

(三) 時政

1、如何提振國內經濟競爭力。

2、如何重建、改善社會風氣。

第三野戰軍司令陳毅，兵力八〇萬人。
第四野戰軍司令林彪，兵力一〇〇萬人。
華北野戰軍司令聶榮臻，兵力二〇萬人。

由於中共在各種主客觀環境均有利之下，其勢力乃逐年增加，由最初的五十七人增加到民國三十八年的三百多萬。其實中共實力依據某些史料記錄，尚不止於此，到民國三十八年已有四百餘萬。此足以造成中國大陸之淪陷。從另一角度看，從民國十年到三十八年，共黨不斷作亂，企圖赤化中國，而國民政府及中國國民黨則不斷剿共戡亂，這裡面就等於是共產主義和三民主義之鬥爭。或可謂持「共產主義意識形態」的各種政治結社與持「非共產主義意識形態」的政治結社之長期鬥爭。這二十餘年間，真是這

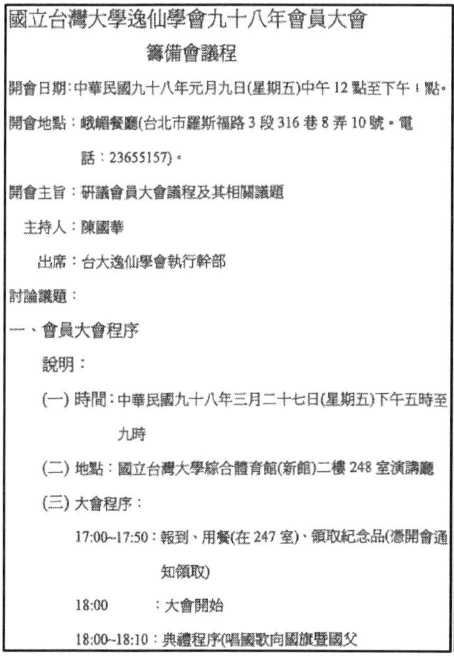
國立台灣大學逸仙學會九十八年會員大會
籌備會議程
開會日期：中華民國九十八年元月九日(星期五)中午12點至下午1點。
開會地點：峨嵋餐廳(台北市羅斯福路3段316巷8弄10號。電話：23655157)。
開會主旨：研議會員大會議程及其相關議題
主持人：陳國華
出席：台大逸仙學會執行幹部
討論議題：
一、會員大會程序
說明：
(一) 時間：中華民國九十八年三月二十七日(星期五)下午五時至九時
(二) 地點：國立台灣大學綜合體育館(新館)二樓248室演講廳
(三) 大會程序：
17:00~17:50：報到、用餐(在247室)、領取紀念品(憑開會通知領取)
18:00　　：大會開始
18:00~18:10：典禮程序(唱國歌向國旗暨國父

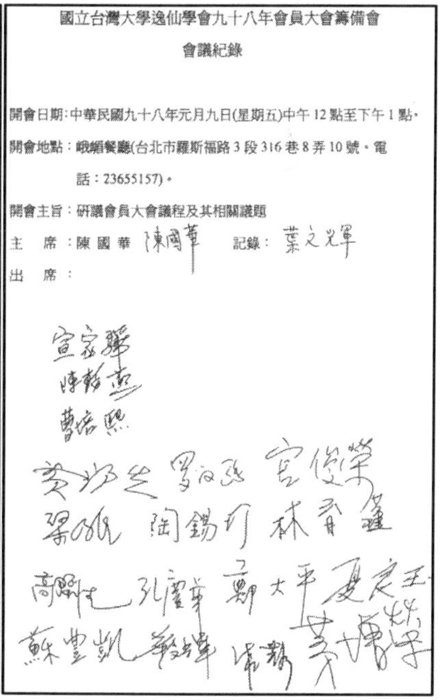
國立台灣大學逸仙學會九十八年會員大會籌備會
會議紀錄
開會日期：中華民國九十八年元月九日(星期五)中午12點至下午1點。
開會地點：峨嵋餐廳(台北市羅斯福路3段316巷8弄10號。電話：23655157)。
開會主旨：研議會員大會議程及其相關議題
主　席：陳國華　　記錄：
出　席：

些政治結社之擅場。

歷史總是那麼的「弔詭」，中共以叛亂起家。如同中國歷代王朝政權推翻前朝，經五十年「掙扎」，如今的改革開放漸漸「中國化」已在中國歷史取得「合法歷史地位」，反觀中華民國，在國民黨執政時期，因「中國化」而有合法性的生存權；但到獨派執政，因「去中國」，可能將成為「不法政權」。無奈！分離主義政權本來便是不法政權。

當然，丟掉大陸的大片江山，原因千頭萬緒，時空關係也要再洄溯數十年。但就敵我鬥爭策略的失算和被動，及退出校園的結果，可以說這十多年來又在台灣「複製」（重演）一回，在大

文宣：官俊榮、陳梅燕　製作及布置大會會場指引、會場歡迎海報、大會程序表等

開會通知：陳國華、簡惠爵　寄發、聯繫、統計人數

報到服務：鄭大平、高閩生、林福佐、簡惠爵　簽到、發送資料、紀念品、餐飲

接待：羅漢強、梁乃匡、曹培熙、官俊榮、陶錫珍、陳梅香、陳健傑、蘇豐凱　現場接待來賓

決議：

、推選本會執行委員會委員

說明：

(一) 本會歷年來設有委員若干員(13 名至 17 名)以便協助會務之推展，並擔任各單位(學院)之聯繫事務。

(二) 本會本屆會長改選時，未一併改選委員，委員的任期已經超越期限。

(三) 爲符合「法定程序」擬請改選本會執行委員會之委員，以利會務的推展。任期至民國九十九年七月三十一日止。

遺像行敬禮)

18:10~18:20：主席致詞(及介紹來賓)

18:20~18:40：來賓致詞

18:40~18:50：工作報告

18:50~19:20：議案討論

19:20~19:30：選舉執行委員會委員

19:30~20:30：(會務、黨務、時政)座談會

20:30~20:40：宣布選舉結果

20:40　：大會結束

決議；

二、大會工作職掌分配

職稱	姓名	工作要項
主席	陳國華	
司儀	陳梅燕	
記錄	茅增榮	準備錄音設備、出席簽到、整理紀錄
總務	葉文輝	訂購便當(80 元 x80)、礦泉水(10 元 x72)、熱茶、紙杯、大會紅布條、紀念品等
攝影	簡惠爵	

陸中了共黨的計使河山淪落，在台灣又中了獨派的計當了八年在野黨，如今雖重掌政權，但獨派惡搞八年，三方（獨派、國民黨、台灣）皆輸。

回顧抗戰勝利後那段國共鬥爭史，再檢視近十多年來國民黨和獨派的鬥爭，你是否感受到歷史一再重演，在大陸鬥輸了共產黨，難不成在台灣又鬥輸民進黨乎？若然，吾黨將往何處去？黨部搬金門嗎？

九十八年會員大會在會務、黨務和時政建言等，會員熱烈參與討論，要點有：

（一）會務：

1. 如何強化台大逸仙學會之組織及功能。
2. 其他。

（二）黨務：

(四) 推選委員之建議名單如下：(預計選出 21 名，建議名單預計列 30 名)

(文學院)林火旺　(醫院)楊國民　(醫)黃璉華

(工)馬小康　(工)周家蓓　(生農)羅漢強

陸雲、官俊榮、游若篍、許明仁、

(生命)陶錫珍、陳瑞芬、(社科)包宗和、馮燕、王雲東

(僑輔組)周漢東、　(學務處)寶松林、(軍訓室)陳國慶

(林管處)范利枝

(退休教師)梁乃匡、丁一倪、 沙依仁、陳梅燕

(退休職員)宣家驊、 茅增榮、 夏良玉、鄧偉雄(前林管處秘書)

(學生)(國發研二)蘇豐凱、(歷史夜五)陳健傑、(研協會副會長)(畢)林育瑾

(五)推選委員名額中，應選出休教師、退休職員和學生各二名

(六)各項職位均無給職

四、 審核九十七年收支明細表

說明：

詳如附件(一)

五、 審議九十八年年度工作計劃

元月九日：　會員大會籌備會議。

三月二十七日：召開會員大會。

四月十一日：　舉辦氣功研習班(與台大教聯會和新台大聯誼會合辦)

(每周六一次

共十二週)

十月三日：　慶祝雙十國慶日騎單車郊遊(福和橋下至淡水)

(星期六)

九十八年

元月　九十九年會員大會籌備會議 及執行委員會會議。

五月下旬　會員大會及改選會長和委員。

決議：

六、 審議九十八年經費預算

(一) 會員大會籌備會議後便餐　2500 元 x2=5000 元

(二) 九十八年會員大會預算：（略）

1. 如何改進黨內競選公職之提名制度？

2. 如何加強公職黨員之團結力。

3. 如何有效監督黨員同志之廉能問政？

（三）時政：

1. 如何提振國內之經濟競爭力？

2. 如何重建、改善社會風氣？

3. 針砭教育政策。

4. 其他重要時政。

以上這些黨務、會務和時務，除了「如何強化逸仙學會組織及功能？」我們自己使得上力，只要會員表決通過，隨時改變組織功能，因為變數就掌握在自己手上。

其他各項如公職提名、提振經濟力、改善社會風氣或教育政策等，每一主題涉及的範圍可謂比天大，複雜程度都比宇宙內繁星

各位逸仙學會會員：

敬請

台端出席參加台大逸仙學會會員大會。請閱下列開會通知。

請函覆能否出席本次會議，以作妥善安排。

敬祝

新年如意！

台大逸仙學會

台大逸仙學會會長　陳國華　敬上

（行動電話：0928141281)

傳　　真：(02)23695359

E－mail　：yd589@yahoo.com.tw

回　覆　（請於3月6日前回覆）

（　）準時參加　（憑本開會通知報到及領取紀念品）

（　）不克參加

（　）素 食

（　）葷 食

簽名：

聯絡電話：

E-mail：

七、會務、黨務、時政建言座談會議案

(一) 會務：

1、 如何強化台大逸仙聚會之組織及功能

2、 其他：

(二)黨務：

1、 如何改進黨內競選公職之提名制度？

2、 如何加強公職黨員之團結力。

3、 如何有效監督黨員同志之廉能問政。

(三) 時政

1、如何提振國內經濟競爭力。

2、如何重建、改善社會風氣。

3、針砭教育政策：

更「煩亂」，那是我們一個學會三言兩語所能解決。

幸好逸仙學會存在的目的，並非為國家、社會解決那些問題，而那些問題也自有負責的部門去處理。但並非不負責就不必關心，逸仙學會是大社會中小小的一小塊，是大海洋中小小的小水滴，是眾多藍營「統派」各類團體中的一個小小單元，只要黨關心的事我們都關心，我們存在的目的是宣揚黨的理念，壯大黨的力量。我們雖小，但理念、信念很重要，也能產生很大的功能。

現在全國只有台大有黨組織的運作，未來應快速在各大學「複製」台大經驗，逸仙學會任重而道遠！

於此，我說一則佛經上的小故事。有一天佛陀到了A城說法，A城很多人都獻花、

氣功入門研習班(第十五期)
實施辦法

98.2.1

一、宗旨：為幫助熱愛氣功者能正確了解氣功的基本學理和功法，進而從練習氣功中獲得實際的益處，建立煉丹修道的基礎。
二、主辦單位：台大教授聯誼會、新台大聯誼會及台大逸仙學會聯合主辦。
三、研習日期：自中華民國九十八年四月十二日至六月廿八日止，每週星期日上午九時至十一時三十分(每月最後週日改為下午 3 點至 5 點 30 分)，共計十二次三十小時。
四、研習地點：國立台灣大學（地址：台北市羅斯福路四段段一號）舊體育館與醉月湖間空地處。(雨天時，於台大新生大樓騎樓)
五、參加資格：凡對學習氣功有興趣且是中華民國國民者。
六、報名方法：
（一）即日起至三月二十七日止，每晚七至八時接受報名，至名額滿為止（預定三十六名)。按報名先後優先錄取。
（二）報名方式，將參加者基本資料（包括姓名、性別、年齡、住址、通訊電話和身體狀況）傳真至台大逸仙學會，聯絡電話：0928141281，傳真號碼：(02) 2369-5359，洽陳國華。
七、辦理方式：
（一）參加名額，定為三十六人。
（二）報名及研習費用全免，但是酌收講義費，每人二百五十元，報到研習時繳交。
八、參加研習者注意事項：
（一）請準時出席，不要中輟。
（二）請穿著輕便棉質運動服，運動長褲及運動鞋。
（三）請自行攜帶解渴開水。
（四）不方便席地而坐著者，請自行攜帶輕便折疊椅。

會員大會程序表

17:00~17:50	報到、用餐(在 247 室)、領取紀念品(憑開會通知領取)
18:00	大會開始
18:00~18:10	典禮程序(唱國歌向國旗暨國父遺像行敬禮)
18:10~18:20	主席致詞(及介紹來賓)
18:20~18:40	來賓致詞
18:40~18:50	工作報告
18:50~19:20	議案討論
19:20~19:30	選舉本會委員
19:30~20:30	(會務、黨務、時政)座談會
20:30~20:40	宣布選舉結果
20:40	大會結束

點燈表示歡迎與供養；城中有一個很窮很窮的女孩（假設叫阿花），有心供養佛陀，但她全部錢則只夠半盞燈用油，油行老闆同情她，送她另一半油，可以正好讓燈點一刻鐘，放十餘分鐘之光明。

那天佛陀到了A城，許多人都點燈供養佛陀，有錢人更是點了又大又漂亮的燈。阿花歡喜的點起她那盞小小的燈，當阿花點好燈時，神奇的事發生了！

阿花那盞小小的燈，亮度竟超過所有的大燈，超過所有燈的總亮度；更神奇的，阿花的小燈亮度大放光明，瞬間照亮三界二十八重天，有的地方海水淹來，竟也淹不熄小燈的亮度！

國立臺灣大學逸仙學會
九十八年會員大會

會議資料

時間：中華民國九十八年三月二十七日
下午五時至九時
地點：國立臺灣大學新綜合體育館
二樓248室

大會工作人員

主持人：陳國華
司　儀：陳梅香
記　錄：高閫生
總　務：葉文輝
文　宣：官俊榮、陳梅燕
開會通知：陳國華、簡惠爵
報到服務：鄭大平、高閫生、林福佐
葉文輝、簡惠爵、簡惠珍
接　待：梁乃匡、曹培熙
官俊榮、陶錫珍
蘇豊凱、林育瑾
會場佈置：葉文輝、鄭大平、陳梅燕
林福佐

不可思議的驚動各界，佛陀一個弟子迦葉不明原因，為何一個貧女的小燈竟這般大放光明？他去請教佛陀。

佛陀說，這是阿花的願力、信念和誠心感動天地使然，所以貧窮的小女孩產生了極大的力量。

按我的人生經驗，台大逸仙學會就像阿花的燈，在大社會大世界裡，我們只是一盞小燈。本會也不富有，和富有的團體比起來，其實我們和那位阿花小女孩差不多。但只要信念、願力、誠心在，我們可以產生很大的功能，可以照亮三界。

我多次和會長陳國華私下聊天，都聊到要發展「問題不在錢、問題在人」，一切在人、有人便有錢。確實，「得人者得天下」，從未聞「得錢者得天下」！

國立臺灣大學逸仙學會九十八年會員大會

大會議程

開會日期：中華民國九十八年三月二十七日(星期五)下午 5 點至 9 點。

開會地點：國立臺灣大學校總區綜合體育館(新館)2 樓 248 室演講廳。

主持人：陳國華　　　　記錄：高閬生

出席：台大逸仙學會全體會員

一、主席致詞(及介紹來賓)：

二、來賓致詞：

三、會務報告：

(一) 本屆會長及監察人任期，自民國 97 年 7 月 10 日起至 99 年 7 月 9 日。當時未改選本會委員會委員。今本大會擬補行推選本屆委員，以備研修本會組織章程及規劃、推行本會會務。

(二) 去年國慶日，本會舉辦「慶祝雙十國慶陽明山健行活動」。參加人數共 79 人(包含眷屬 32 人)；報名費收入 5505 元，支出 23861 元(請參閱收支帳冊)，不足 18356 元，由本會經費支付。

(三) 感謝贊助慶祝國慶活動豐厚摸彩獎品之人士。贈獎品者有：吳伯雄主席、包宗和副校長、馮燕學務長、潘家森主委、賴士葆委員、李慶元議員、游若筱理事主席、康世平主任。所贈摸彩品，已全數頒出。

請詳閱附件(一)。

(五) 今年 4 月 12 日起，本會擬與其他友會共同主辦「氣功研習班」，有意參加者請從速報名。報名日期今天是最後期限。

(六) 懇請各位會員協助將未與會的優秀「逸仙同志」之聯絡資料通知本會，以便連絡歸隊。

(七) 未辦理國民黨重新入黨登記者，請速辦理登記，本會有備索表格。

四、討論提案：

提案一、

案由：推選本會委員

說明：

(一) 本會歷年來設有委員若干員(13—17 名)以便協助會務之推展。

(二) 本會本屆會長改選時，未一併改選委員，爲符合「法定程序」擬請改選本會委員，以利會務的推展。任期二年。

(三) 推選委員名額十五名中，保障退休教師、退休職員和學生各二名。圈選人數至多十名，超額圈選，則以廢票論。

(四) 未當選委員之各學院最高得票者，宜被遴選爲本會各學院之聯絡人。

(五) 各項職位均爲無給職

我年輕時上領導管理的課程，當年教授有一句名言在我心中記著數十年：「錢在人去、錢去人在」，大約三十多年前我還不太懂其深意，日漸年長才發現這是「真理」！

九十八年會員大會重要任務之一，是選出本會委員。當選委員十五人：林火旺、羅漢強、宣家驊、馮燕、丁一倪、茅增榮、官俊榮、沙依仁、馬小康、陸雲、鄭大平、梁乃匡、葉文輝、蘇豐凱、林育瑾。

後補委員三人：周家蓓、游若篍、陳梅燕。

本次大會最叫人關心的，還是本黨在校園的組織如何恢復？如何趕快動起來！「我們退出、人家進去了！」也十來年了！該我們「反攻」了，這才有利於二○一二年的大選。關於這問題，夏大明主任說（提案四）：

提案四、

案由：會務、黨務、時政建言座談會

(一)會務：

1、如何強化台大逸仙聚會之組織及功能

2、其他：

(二)黨務：

1、如何改進黨內競選公職之提名制度？

2、如何加強公職黨員之團結力。

3、如何有效監督黨員同志之廉能問政。

(三) 時政

1、如何提振國內經濟競爭力。

2、如何重建、改善社會風氣。

3、針砭教育政策：

4、其他重要時政

結論

五、臨時動議：

六、主席結語

七、散會

九十八年台大逸仙學會委員選票　台大逸仙學會　98.3.27

圈選	候選人	簡　介	圈選	候選人	簡　介	圈選	候選人	簡　介
	羅漢強	(生農)森林系主任		許明仁	(生農)園藝系副教授		丁一倪	(退休)農化係教授
	馮燕	(社科)學務長		周家蓓	(工)土木系教授		沙依仁	(退休)社會系教授
	林火旺	(文)哲學系教授		陳瑞芬	(生命)助理教授		宣家驊	(退休)總教官
	馬小康	(工)機械系教授		周漢東	僑輔組主任		鄭大平	(退休)軍訓教官
	陸雲	(生農)農經系教授		竇松林	學務處秘書		陳梅燕	(退休)軍訓教官
	官俊榮	(生農)農經系教授		陳國慶	軍訓教官		夏良玉	(退休)學輔組主任
	游若篍	(生農) 教聯會理事長		楊國民	(醫院)前工務組長		鄧偉雄	(退休)林管處秘書
	王雲東	(社科)社會系助理教授		范利枝	林管處職員		茅增榮	(退休)事務組主任
	陶錫珍	(生命)副教授		梁乃匡	(退休)海洋所教授		葉文輝	(退休)體育室組員
	黃璉華	(醫)護理系主任		曹培熙	(退休)物理系教授		蘇豐凱	國發所研二
							林育瑾	前(研協會副會長)畢業

國立臺灣大學逸仙學會九十八年會員大會
會議紀錄

開會時間：民國98年3月27日下午六時至八時三十分。
開會地點：台灣大學校總區綜合體育館（新館）2樓248室演講廳。
主席：陳國華　　　　　　　　　記錄：高閎生
出席：如簽到名冊(實到71人。內含來賓5人，會友9人。)

一、 主席致詞（及介紹來賓）：

各位來賓，各位先進，感謝各位撥冗參加九十八年逸仙學會會員大會。這次大會承蒙各位工作同志的協助才得以順利召開。本次大會選在3月29日前夕召開，主要為緬懷及紀念開國先烈犧牲奉獻的精神。期盼國人為我們的國家社會及學校多做些貢獻。待會議題討論時請各位踴躍發言，惠示卓見，俾使逸仙學會、學校、社會及國家更好更進步。

介紹蒞會貴賓：

國民黨副主席吳敦義秘書長
台大包副校長宗和
國民黨青年部夏主任大明
前逸仙學會會長梁教授乃匡
前台大文學院朱院長炎
國民黨台北市黨部李書記長正文
仍有許多的貴賓與會，請恕不能全悉介紹。

二、 來賓致詞：

吳敦義秘書長：

各位逸仙學會的同志，今日為大安區立委補選前夕，吳主席本想親自出席，但因分工輔選，特派本人出席逸仙學會會員大會。回到校園非常高興，看到校園軟、硬體都有進步，師長、同學質與量都有明顯提昇。台大對國家及黨皆肩負著重大的責任，仰仗各位提供可行且成熟的理念作為國家將來執政及問政重要的參據；台大匯集了各界的精英，如何能夠將這些精英在學府內培養成為好的人才，將來進入到政府為人民服務，台大擔負著重要的角色。以黨而言政黨首要的目的：為重視政治理念的闡揚，人才的培育，並在民主法治的選舉中贏得光榮的勝選。執政的時候能全力以赴，符合國家及人民的需求；在野的時候能夠發揮監督的力量，鞭策執政，所以不論執政或在野，政黨都負有莊嚴的使命。台灣實行地方自治雖有五十年的光景，但選舉的品質，距離選賢與能，讓好人出頭，尚有一段距離；為台灣及黨選擇好的人才，台大是非常重要的搖籃。台大的師長及同學在逸仙學會內共聚在一起，相信今天的大會對本黨及國家施政方針會有有效的建言。懇請各位群策群力多多指教，同心協力讓黨更符合時代的需求，也讓國家能永續發展。謝謝大家。

祝各位身體健康，萬事如意。明日投票請投國民黨提名候選人。

包副校長宗和：

各位師長，各位來賓晚安。逸仙學會在歷任會長領導之下的進步是有目共睹的；長年來逸仙學會在校園內形成一種無形的力量，這股無形的力量也是台大一股安定的力量；亦是大家在心靈上可以愉快交流的場所，對力量的凝聚發揮很大的作用，僅在此對逸仙學會歷任的會長及師長表示由衷的敬意，亦希望國民黨能團結在一起，社會才能安定，國家才有前途。謝謝大家。

夏主任大明：

各位好，本人接青年部工作有兩年。國民黨在野八年，知青黨部的裁撤，對校園黨部產生很大的影響，經過八年的變遷，我們應該怎麼做成為當務之急，懇請各位多多指教。逸仙學會是目前各大專院校唯一保持運作的校園黨部組織，也是唯一的範例。希望能逐步恢復，但恢復的情形和型態目前尚未定論，今天想聽聽各位寶貴的意見；政黨在校園內活動，全世界都是正常的情況，八年間的改變我們退出了，民進黨卻進來了，待會各位的建言我們必定全心受教。

李書記長正文：

逸仙學會顧名思義，大家都是中山先生的信徒，逸仙學會使理念看法一致的好朋友相聚在一起，對校務的推動有著正面的影響，希望能永續發展，形成一股穩定的力量。

三、 工作報告：

請參閱會議資料。

鼓掌通過。

四、 討論提案：

提案一、

案由：推選本會委員

決議：

當選委員十五人（以得票高低排列）：

林火旺、羅漢強、宣家驊、馮燕、丁一倪、茅增榮、官俊榮、沙依仁、馬小康、陸雲、鄭大平、梁乃匡、葉文輝、蘇豐凱、林育瑾

後補委員三人：

周家蓓、游若萩、陳梅燕

提案二、

案由：審議九十八年度工作計劃

決議：鼓掌通過

提案三、

案由：審議九十八年經費預算

決議：鼓掌通過

提案四、

案由：會務、黨務、時政建言座談會

（一） 會務：

彭主任秘書：

請新當選的委員仔細研究「如何強化台大逸仙學會之組織及功能」。

夏大明主任：

今日參加這次大會最主要的就是聽取各位寶貴的意見。目前在知青黨部尚未恢復的狀況下，熱心黨務的同學找不到黨在學校的組織；黨內現有青年團的組織從事學生的活動，但以活動為主，但非黨務組織，對這些熱心的同學而言，缺乏適當的參與管道。逸仙學會能否讓學生參與，接受師長的領導，知青黨部未來的發展尚未定論，請各位表示高見讓學生黨員能有參與的機會以彌補欠缺知青黨部的不足。

陶錫珍教授：

希望能與校內其他團體聯合辦活動，資深老師智慧經驗很多，年輕人體力好，結合在一起多聯繫是一件很好的事。

丁一倪教授：

根據多年的經驗一個會要動起來就是要多辦活動。

宣家驊將軍：

我的感想是自從知青黨部裁撤後，台大逸仙學會還能運作是因為老師們、同志們的一股個人的熱忱，一股內在的向心力所形成的。目前最基本問題：黨員黨籍在地方黨部，要邀請其參加校內活動之管道非常困難，請中央思考整個組織架構。

國發所蘇豐凱同學：

一、 逸仙學會的成員與青年團一起合作運作。

二、 逸仙學會成立學生分部處理青年工作。

吳元俊主任：

一、 確定會址所在地。

二、 定期的聚會。

三、 發行定期會訊。

四、 建立上、下溝通的平台。

五、 招募會員增加新血輪。

夏大明主任：

活動是一切的靈魂，要招募新血辦一些不同的活動，要適合不同的族群。要請執政團隊針對不同的主題進行研討，吸引更多年輕的老師和學生參與。

官俊榮教授：

逸仙學會一定要有自己的主體性，我們有自己的主張，自己的文化，逸仙的文化特質就是我們的校訓：敦品勵學，愛國愛人。

（二） 黨務：

梁乃匡教授：

以前知青黨部每年皆有黨務座談會，會中有高階黨務人員出席，彼此交換意見。現今停辦多年，同志們的意見已無法上傳。黨組織與學校老師或青年朋友需有互相溝通的機會與管道。

包副校長：

知青黨部消失後，黨籍到地方黨部後凝聚力就散掉了，資訊也斷了，希望資訊的傳遞要強化，喚回黨員的熱情。

沙依仁教授：

校內幾個大社團如退聯會、教師聯誼會、職工聯誼會，多聯合在一起參與活動，有助推展會務。

吳元俊主任：

希望國家發展研究院能針對逸仙學會和其他學校相關的會員辦理研習營活動。

丁一倪教授：

針對學生部分辦理一些學術性的活動，例如論文寫作技巧，研究報告寫作技巧，申請國外學校獎學金的技巧，求職面試的技巧等。

彭主任秘書：

目前在知青黨部尚未恢復的狀況下，熱心黨務的同學找不到黨在學校的組織；黨內現有青年團的組織從事學生的活動，但以活動為主，但非黨務組織，對這些熱心的同學而言，缺乏適當的參與管道……

這個問題一直到二〇一一年五月，陳國華教授和馬小康教授的會長交接餐會時，林奕華主任也還提到「我們退出、人家進去了」。所以，收復校園的大業，對本黨言，刻不容緩，利用這次大選動起來，把組織架構搞起來！在這次大會，副校長包宗和教授也有「警黨」之論，他說：

確實整理黨籍，一定要繳黨費，掛名黨員不要也罷。

（三） 時政：

梁乃匡教授：

政府執政目前最重要的是經濟，失業問題。政府多釋出工作機會要能激發未來長續發展的產業。

丁一倪教授：

兩岸交流已許多年，小三通方面大陸建設很進步，台灣方面反而沒有做好，如金門碼頭設施落後，機場方面硬體設施要加強，希望小三通硬體設備要改善，並請增加航班。

梁乃匡教授：

擴大內需方面，請加強金門尚義機場導航設備。

五、 臨時動議：

無

六、 主席結語：

今天的座談會感謝大家踴躍的發言，各位寶貴的意見不論是關於會務、黨務、時政各方面，請夏主任帶回去做妥善的處理，本會也會將各位的意見整理完整向上級報告，希望上級能酌量執行。本會能採行的即努力推行，紀感謝大家的參與，也謝謝各位貴賓的蒞臨。

七、 散會

知青黨部消失後，黨籍到地方黨部凝聚力就散掉了，資訊也斷了，希望資訊的傳遞要強化，喚回黨員的熱情。

黨員熱情為什麼不見了？（但我發現本會會員熱情尚在）這雖複雜，原因很多，也有很多歸罪李登輝這漢奸老賊出賣國民黨，又加上獨派八年（加一個三一九作弊案），本黨必然「嚴重受傷」，且在本質習性上，「國民黨黨員比民進黨黨員更容易受傷」，這很奇怪（後述）。只能說台獨本來就是「毒」，故不怕任何毒；而國民黨黨員（及支持者），都自覺「乾乾淨淨」，碰到一點點小毒就受傷。所以，「某些方面」，國民黨黨員要向民進黨黨員學習。

孫子兵法有「因補於敵」、「取用於敵」和「以敵為師」的指導要領，我們建黨百餘年了，這種智慧似乎始終學不來；而回顧歷史，共產黨和民進黨在運用這種「策略性智慧」，卻用得嚇嚇叫，國民黨現在外有共產黨，內有民進黨，能不小心乎？能不好好學習「策略性智慧」乎？

第三章　四屆一次委員會：統派手中的倚天劍和屠龍刀

台大逸仙學會四屆一次委員，於九十八年五月一日在台北市峨嵋餐廳（羅斯福路三段）舉行，有三大主題：（一）研修學會組織章程；（二）委員會之分工與職掌；（三）籌劃雙十國慶單車郊遊。

全程討論、分工和執行情形，均見各頁原樣影印。按本書寫作構想及編輯用意，盡可能不再做說明、詮釋，讓史料展示，讓史料自己說話。這章我要談的重點，是接續前章一些「後述」的問題，我稱「國民黨的優勢與獨派民進黨（以下簡稱獨派）的劣勢」。

這個「大戰略態勢」，不知有多少人看得出來？在軍事上所謂的「戰略態勢」，當然要有戰略素養才看得清楚，否則人家「慧眼識英雄」，你不過「牛眼識青草」，有看沒有懂。但我仍相信本黨中高層、知識界、企業界，及有世界觀的人一定看得清楚明白。以下分兩部份說明。

為使一個主題清楚明白，並簡化內涵，本章先講統派的「絕對優勢」，下章講獨派的「絕對劣勢」。

我從大歷史、大世界觀看，國民黨目前雖受限台灣一地的生存發展，但所擁有的，不止於「優勢」，而是「絕對優勢」。若看倌不信，我略分述如下。

第一、國民黨的理念、核心思想得到全世界公開、合法的支持：何者是國民黨（當然也是逸仙學會）的理念、核心思想？一言以蔽之，曰「一中、一個中國、中華文化、中華民族是也。」放眼全世界，尤其有影響力的大國，無不時時刻刻謹慎的表態，支持「一個中國」，是他們國家的基本國策。所以，統派不寂寞。

或有人說，還不是中共的原因！但難到不是中國崛起的原因嗎？自古以來，國際間「西瓜靠那一邊本來就依循總體國力為唯一標準」。是故，吾國崛起，你我于有榮焉，亦有功焉，我們本來就是「中國的主人翁、中華民族的一份子」。

我如此論述，難免有「灰色地帶」，使人以為中國強盛，國際上才支持「一中政策」，若中國衰弱呢？是否就不支持？我拿百年前的「台灣民主國」為例說明，當時滿清（中國）如一隻生了重病的獅子，許多小國都可以騎到清政府頭上，撈些好處。但碰到敏感問題，「台灣民主國」成立，呼籲國際支持，還是沒有一個國家願意支持。中國雖弱，還是世界大國，遲早要崛起，誰會去得罪叢林中「那隻最大的」——不論那隻身體狀況如何！

第二、得中華民族五千年文化之加持：

藍營的基本思維是「復興中華文化、擁抱中華文化」，堅定認同自己是中國人，於是：

堯舜禹文武周公孔子……王陽明……孫中山、蔣中正是我們的先聖先賢，和他們是一國的，吾等于有榮焉！

李白、杜甫、蘇東坡、陸游……是我心中的詩仙詩聖，他們提昇我的人生境界，予有榮焉！

四書五經、三國水滸、紅樓西廂……是吾國文化重寶，也是我的精神資糧，使我們有文化、有內涵。

身為一個中國人，你擁有整個民族的物質文明和精神文化。現在全世界正在夯孔學、儒學、中國話和中華文化，是目

各位逸仙師長：

台大逸仙學會 98 年會員大會業已於上(三)月二十七日舉行完成，並選出本屆「委員會」委員十五名。 台端眾望所歸，高票榮膺當選「台大逸仙學會委員會」委員。

弟謹向您們表示敬意與恭喜之意，並請允應擔任是職，以共謀推展本會會務，是禱！

本會將舉行「委員會會議」懇請 台端出席會議。請閱下列「開會通知」並回覆能否參加。謹此。

敬

時祺

陳國華　敬上

回　覆

（　）　準時出席

（　）　不克參加

台大逸仙學會第四屆第一次委員會會議

開會通知

一、 時間：中華民國九十八年五月一日(星期五)中午 12 點 10 分至下午 1 點 30 分。

二、 地點：峨嵋餐廳二樓(台北市羅斯福路 3 段 316 巷 6 弄 10 號。電話 23655157)

三、 主題：

（一）研修「台大逸仙學會組織章程」

子題：(1)會址

(2)會員資格

(3)委員會人數

(4)會費之繳交

（二）委員會之分工及其職掌

（三）籌劃雙十國慶單車郊遊

四、 主席：陳國華 召集人

五、 出席：本會委員會全體委員：

林火旺、羅漢強、宣家驊、馮燕、丁一倪、茅增榮、官俊榮、沙依仁、馬小康、陸雲、鄭大平、梁乃匡、葉文輝、蘇豐凱、林育瑾。

前世界之顯學。而你，逸仙朋友，已經擁有。

第三、終統：走向最後的統一是中國歷史的必然，我們有夢有理想：二千多年來的中國大歷史，儘管分分合合，但分裂時代都是短暫的，維持不久。因為如此，所有地方割據政權、分離主義政權都是「短命政權」；又因短命政權的統治階層也知道自己短命，在位的幾年便「能吃盡量吃、能撈盡量撈」，撈飽吃飽便走人（如陳水扁偽政權）；於是又使短命政權變成貪腐政權，形成結構性因果關係，加速敗亡，也等於加速統一的到來。

台大逸仙學會組織章程

90年4月21日　第一次會員大會通過制定
91年4月28日第一次修訂

擬修訂後條文	原條文	說明
第三條：(會址) 本會設於台北市八德路二段232號2樓。	第三條：(會址) 本會設於台北市中山南路11號2樓。	一、國民黨中央黨部青年部已遷址至八德路。 二、本會目前非台大或社會之正式人民團體。 三、本會需有固定的聯絡地址。
第五條：(會員資格) 方案一、 凡中國國民黨黨員，曾服務或就學於臺灣大學，經申請得爲本會會員。 方案二、 凡中華民國國民，曾服務或就學於臺灣大學，並認同本會宗旨，經申請得爲本會會員。 方案三、 凡中國國民黨黨員，曾服務或就學於臺灣大學，經申請得爲本會會員。 曾服務或就學於臺灣大學，並認同本會宗旨者，經申請得爲本	第五條：(會員資格) 凡中國國民黨黨員，曾服務或就學於臺灣大學，經申請得爲本會會員。	方案一： 一、維持原條文，可保留本會之傳承、理念及任務。 二、本會會名具有國民黨的特性。 三、本會目前的主要經費來源是本校國民黨前輩流傳下來的基金，非國民黨成員不應花用。 方案二： 一、可增加申請入會的人數。 二、容易遺失本會原本的傳承和理念。 三、從此離開中國國民黨之關聯。 方案三、 一、可保持本會原有的傳承、理念及任務，又可增加參與意願。 二、可降低本會刻板、黨強屬性的形象。

台大逸仙學會第四屆第一次委員會

會議議程

一、　時間：中華民國九十八年五月一日(星期五)中午12點10分至下午1點30分。
二、　地點：鐵綱餐廳二樓(台北市羅斯福路3段316巷8弄10號。電話23655157)
三、主席致詞：

四、工作報告：

五、討論議案
提案一、
案由：修訂(「台大逸仙學會組織章程之第三條、第五條、第七條、第十二條第十四條等」)
說明：請詳見附件(一)
決議：
提案二、
案由：討論委員會之分工及職掌案。
說明：一、爲有效推展及本會會務，以利本會任務的達成。擬請分工各委員的職掌。
二、各委員之分工職掌表，如附件(二)，請審議。
決議：

提案三、
案由：籌劃98年雙十國慶單車郊遊案。
說明：一、爲慶祝98年雙十國慶，將舉辦本項活動。
二、日期：中華民國九十八年十月三日(星期日)上午九時至下午四時止。
三、地點：從福和橋畔自行車道至淡水。
四、活動型式：
(一)、騎自行車至目的地聯誼。
(二)年長者自行搭捷運至目的地報到。
(三)於目的地，中午便餐、摸彩。
(四)於淡水活動後原路歸賦。
五、經費：(一)會員：150元
(二)會友：300元
備註：費用包含用餐、紀念品、旅遊平安保險、摸彩品。
決議：

六、臨時動議

七、散會。

所以，統派所期待中國最後的統一，是可以成真的夢，是可以實踐的理想，而不是「空想」。終統是中國歷史的必然性，孫逸仙先生所說「廿一世紀是中國人的世紀」，你不覺得腳步近了嗎？

第四、統派的大中國主張，包容近十四億各民族和我們站在同一陣線：少數人不解的批判「大中國」，其實中國便是中國，沒有「大中國」、「小中國」的區分，一個中國就是「一個完整統一的中國」。

這樣的中國，有漢、滿、蒙、回、藏……百餘民族組成；包含台灣的客家人、原住民、閩南人及晚近來台的各省族人。全中國的總人口已接近十四億，還有海外幾千萬中國人，我敢言，百分之九十九的人，與藍營站在同一陣線。

會會友。 會友得參加本會所舉辦的活動，但是不具備本會之選舉權和被選舉權。會友有損本會形象者，本會即行終止其參加本會之一切活動。		
第七條(會員義務) 一、遵守本會規章 二、擔任本會選派之職物或臨時性任務 三、繳款會員年費 500 元 四、其他應盡之義務	第七條(會員義務) 一、遵守本會規章 二、擔任本會選派之職物或臨時性任務 三、其他應盡之義務	增訂第三款，以敷推展會務之經費需求。
第十二條：(委員設置) 一、由會員大會選舉會長一人，委員十五人，共同組成委員會，並由會長	第十二條：(委員設置) 一、由會員大會選舉會長一人，委員八人，共同組成	委員八人增至十五名，以敷本校學院等規模擴大及保障各群體名額之需求。

擔任召集人。 二、本會設執行長一人由會長提名經委員會同意後聘任之，協助會長綜理會務。 三、會長及委員任期兩年得連選連任。	委員會，並由會長擔任召集人。 二、本會設執行長一人由會長提名經委員會同意後聘任之，協助會長綜理會務。 三、會長及委員任期兩年得連選連任。	
第十四條(經費來源及支用) 一、會務基金及孳息。 二、捐贈及補助款 三、會員年費。	第十四條(經費來源及支用) 一、會務基金及孳息。 二、捐贈及補助款	一、增訂第三款。 二、以解決財務的困難。

最重要的，我們與全中國十多億人民站在一起反台獨，那獨派嚇的皮皮剉，日夜不安啊！

諸君試想，真正把台獨當成一個「理想、目標」堅持實踐下去的有幾人？連那五百年來中國第一大貪污陳阿扁都親口說：「台獨做不到，做不到就是做不到，台獨是騙人的……」

是故，統派的「終統」主張，是我們和十幾億中國人站在同一陣線，與獨派相比，我們是以「極多、極大」對「極少、或無」，統派真的有「天大的優勢」。

而「台大逸仙學會」的朋友們，就是站在這擁有「天大優勢」的陣營，「逸仙思想」又是這個優勢營裡的核心價值。逸仙同仁們！你不覺得這是天命、這是榮耀乎？三生有

各委員小組之職掌

類別	委員成員	職　掌
行政小組	葉文輝 林育瑾	一、文書處理及建檔 二、行政聯絡 三、籌辦各類行政會議 四、其他相關工作
學術小組	羅漢強、林火旺、馮燕 陸雲、官俊榮、馬小康	一、籌辦各類學術活動 二、企劃本會的發展 三、籌辦校園及社會議題之研討會 四、其他相關工作
活動小組	丁一倪、茅增榮、蘇豊凱	一、籌辦各項聯誼活動 二、其他相關工作
組織小組	宣家驊、鄭大平	一、招募會員及審核會員資格 二、本會之組織及發展 三、會員之聯繫 四、開會通知之發佈
財務小組	梁乃匡、沙依仁	一、本會財務之規劃和募集・ 二、財務的列管 三、本會年度經費之編擬 四、本會經費之核銷及編列帳冊

台大逸仙學會組織章程

本章程於 90、04、21 第一次會員大會通過制訂
91、04、26 第一次修訂

第一章　總　則

第一條：（名稱）
本會定名為「台大逸仙學會」。
第二條：（宗旨）
本會以關心社會福祉、促進學術交流、增進會員情感與照顧會員福利為目的。
第三條：（會址）
本會設於台北市中山南路十一號三樓。
第四條：（任務）
一、推展學術性活動。
二、關懷校園議題。
三、就重大社會議題提供建言。
四、舉辦聯誼活動。
五、其他。

第二章　會　員

第五條：（會員資格）
凡中國國民黨黨員，曾服務或就學於台灣大學，經申請得為本會會員。
第六條：（會員權利）
一、出席會員大會。
二、會內各項選舉或被選舉權。
三、參與本會舉辦之各種活動。
四、其他會員應享之權利。
第七條：（會員義務）
一、遵守本會規章。
二、擔任本會選派之職務或臨時性任務。
三、其他應盡之義務。
第八條：（會員資格之喪失）
一、喪失黨籍經本會確定者。
二、有損本會形象者。
三、書面聲明退會者。

第三章　組　織

第九條：（組織）
本會設會員大會及委員會。
第十條：（會員大會）
一、每年召開會員大會一次。
二、經十分之一會員要求或委員會決議得召開臨時會員大會
第十一條：（會員大會之職權）
一、選舉會長及委員。
二、修改本會章程。修改章程時應有全體有效會員過半數以上出席出席會員三分之二以上之同意。
三、其他重要事項之決定。
第十二條：（委員設置）
一、由會員大會選舉會長一人、委員八人，共同組成委員會，並由會長擔任召集人。
二、本會設執行長一人，由會長提名經委員會同意後聘任之，協助會長綜理會務。
三、會長及委員任期兩年，得連選連任。
第十三條：（工作小組）
本會視工作需要設置若干工作小組。

第四章　經　費

第十四條：（經費來源與支用）
一、會務基金及孳息。
二、捐贈及補助款。

第五章　附　則

第十五條：（本章程之施行）
本章程經會員大會通過後施行，修正時亦同。

幸啊！

第五、最有利的優勢的是台灣民間信仰的神都是「生為中國人，死為中國神」，與統派思想是一國的：看倌如果注意台灣民間信仰的眾神，所有的神明追其祖籍來源，全是「中國人、中國神」，這就是台灣許多寺廟每年要回大陸祖廟參拜的道理。在獨派執政那八年，禁止了兩岸許多活動，但阻止不了媽祖等眾神回大陸。所以眾神為兩岸交流的貢獻，或許已超過了人，三通未通時，神已打通了兩岸的民心。

以下看看台灣寺廟中，粉絲最多的神，其俗名、祖藉和生存年代等（僅例舉，若要知其全面，看作者另著「中國民間神譜」：

◎**保生大帝**（吳本），宋朝太平興國人。

◎**九龍三公**（魏振），宋高宗的五軍都督。

◎**清水祖師**（陳應），宋仁宗時高僧。

台大逸仙學會組織架構

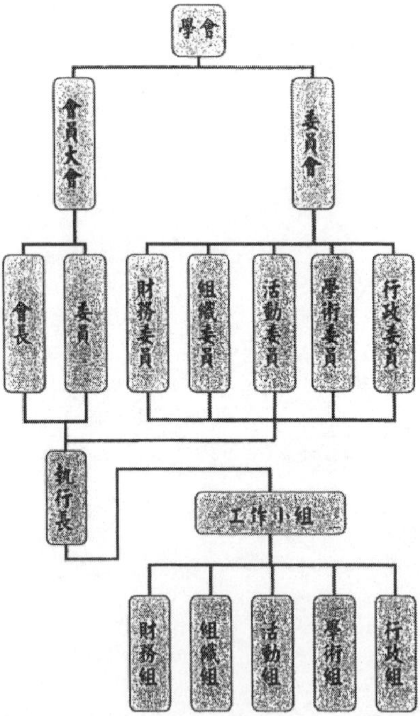

台大逸仙學會第四屆第一次委員會

會 議 紀 錄

一、 時間：中華民國九十八年五月一日(星期五)中午 12 點 10 分至下午 1 點 30 分。
二、 地點：峨嵋餐廳二樓(台北市羅斯福路 3 段 316 巷 8 弄 10 號。電話 23655157)
三、 主席：陳國華　記錄：葉文輝
四、 出席：

林火旺、羅漢強、宣家驊、 丁一倪、茅增榮、官俊榮、

沙依仁、馬小康、陸雲、鄭大平、梁乃匡、 葉文輝、

蘇豐凱、游若荻

五、主席致詞：
1、馮學務長工作繁忙請辭委員 ,由後補委員游若荻教授接任。
2、贈送各位委員一份小紀念品(一只文鎮及一條紀念毛巾)，以寥表感謝和敬意。
3、80 年代民進黨高喊黨退出校園，本黨退出校園 結果政黨輪替後，民進黨取而代之，本黨在校園弱化，校園工作有待加強。
4、本次會議有幾項議題，特別是組織章程部份條款，目前現況不符章程的規定，，有待討論修正，以釐清依準，使會務運作更蓬勃和健全，其中會員資格規定尤爲迫切，麻煩各位委員多賜高見。

六、工作報告：

略

七、討論議案
提案一、
案由：修訂「台大逸仙學會組織章程之第三條、第五條、第七條、第十二條第十四條等」
說明：請詳見附件(一)
決議：修正通過，並提請會員大會審議通過。
修正條文如下：
一、組織章程之第三條 【會址】依擬修訂條文：
本會設於台北市八德路二段 232 號 2 樓
二、組織章程之第五條 【會員資格】修正爲：
凡中國國民黨黨員或認同 國父孫逸仙先生理念者，曾服務或就學於台灣大學，經申請及本會審查通過，得爲本會會員。
三、組織章程之第七條 【會員義務】維持原條文。
四、組織章程之第十二條 【委員設置】修正爲：
1、由會員大會選舉會長一人，委員十六人，共同組成委員會，並由會長擔任召集人。
2、本會設執行長一人由會長提名經委員會同意後聘任之，協助會長綜

理會務。

3、會長及委員任期兩年得連選連任。

五 、組織章程之第十四條【經費來源及支用】

維持原條文。

提案二、

案由：討論委員會之分工及職掌案。

說明：一、爲有效推展本會會務，以利本會任務的達成。擬請分工各委員的職掌。

二、各委員之分工職掌表，如附件(二)，請審議。

決議：修正通過

修正後如下：

委員會各組之職掌

類別	委員成員	職　掌
行政組	梁乃匡(召集人)、沙依仁 葉文輝、林育瑾	一、文書處理及建檔 二、行政聯絡 三、籌辦各類行政會議 四、本會財務之規劃和募集。 五、財務的列管 六、本會年度經費之編擬 七、本會經費之核銷及編列帳冊 八、開會通知之發佈 九、其他相關工作
學術組	羅漢強(召集人)、林火旺、陸雲、馬小康、游若荻	一、籌辦各類學術活動 二、企劃本會的發展 三、籌辦校園及社會議題之研討會 四、其他相關工作
活動組	丁一倪(召集人)、官俊榮、茅增榮、	一、籌辦各項聯誼活動 二、其他相關工作
組織聯絡組	宜家驊(召集人)、鄭大平、蘇豊凱	一、招募會員及審核會員資格 二、本會之組織及發展 三、會員之聯繫

◎**臨水夫人**（陳靖姑），唐代宗時福州人。

◎**長春祖師**（邱處機），元代山東登州人。

◎**九天玄女**，黃帝之師，助帝戰蚩尤。

◎**三山國王**，隨文帝手下三大將：連清化、趙助政、喬惠威。

◎**西秦王爺**，唐太宗李世民，一代明君。

◎**媽祖**（林默娘），宋代福建莆田人。

◎**關聖帝君**（關雲長），三國劉備的結義兄弟，佛教尊他伽籃菩薩，也是現任（第十八代）玉皇大帝。

◎**土地公**（孫句龍），炎帝神農第十一世孫。

◎**三官大帝**（即堯、舜、禹），我國古代三聖人，中華文化道統的源頭。

◎**孚佑帝君**（呂洞賓），唐貞元時山西芮城永樂縣人。道教奉為「純陽祖師」。

以上不過例舉全台灣最熱最夯、粉絲最多、人氣最盛且「神氣」最旺的神明，全都是「生為中國人、死為中國神」，因有功世道人心之教化，因而封神。其他如梓潼帝君、光淨菩薩和三太子，那一個不是中國人、中國神？

總結統派的優勢，可謂神州大地之上，海內外之地，不論古今，人和神都和統派的核心思維連在一起，都是統派的支持者。這能不叫「絕對優勢」嗎？能不說統派握有倚天劍和屠龍刀乎？

但很可惜，超乎想像的可惜，統派陣營（國民黨、親民黨等，及民間的文化團體等），只有少數領導階層和知識界知道有這種「無價且有無尚法力」的絕對優勢。而絕大多數的人，根本還不知道自己竟然有「這麼厲害」的優勢存在。結果，這種「優勢」（無尚之力量），往往被獨派「竊取利用」，例如獨派把神明請去一同造勢。

統派竟不知或不懂擁有的絕對優勢，因而也沒有把這種力量大大發揮。就好像你終於擁有了倚天劍和屠龍刀，卻不知道用來維護武林正義，只用在家中砍柴或切豬肉，可惜啊！可惜！

我們逸仙學會是整個統派陣營中，知識界的「領頭羊」，我們有責任、有義務、有天命，指出這種事實，揭開這種真相。促成統派善用手上的寶劍，才會大大有利於我們經營「中國統一的大事業」。

提案三、
案由：籌劃98年雙十國慶單車郊遊案。
說明：一、為慶祝98年雙十國慶，將舉辦本項活動。
二、日期：中華民國九十八年十月三日(星期日)上午九時至下午四時止。
三、地點：從福和橋畔自行車道至淡水。
四、活動型式：
(一)、騎自行車至目的地聯誼。
(二)年長者自行搭捷運至目的地報到。
(三)於目的地，中午便餐、摸彩。
(四)於淡水活動後原路歸賦。
五、經費：(一)會員：150元
(二)會友：300元
備註：費用包含用餐、紀念品、旅遊平安保險、摸彩品。
決議：修正通過
修正部份為：
一、來回行程不超過貳小時。行程授權活動組規劃。
二、不搭捷運，
三、經費：會員及眷屬每位200元
四、免贈紀念品

八、臨時動議
無
九、散會。

第四章　光明與黑暗的對比：逸仙自在遊，獨派思想滅頂中

曾經對東、西方文化、中華文化下過工夫，做過普遍客觀研究的人，就知道孫逸仙思想（中華文化、統派思維），正在成為全世界之「顯學」。何謂顯學？即全世界都要來研究，來取經學習之學也，我稱之「中國學」。（欲知其深其詳者，可研讀余所著列本書末之目錄相關出版品）。

逸仙和顯學同道，甚至說「逸仙亦顯學」故能自在，如「觀自在菩薩」般自在，無所畏懼，自在即光明。

九十八年十月，由逸仙學會舉辦的「新店溪河濱公園和青年公園自在遊，本會同仁和眷屬熱情參與，同時慶祝國慶雙十節，各界佳賓捐贈禮的摸彩，不亦樂乎。快樂是一

種力量。

反觀獨派陣營卻快要滅頂了。（見第一章各種大貪污案一一見光）事實上，分離主義的滅頂，是中國歷史的必然。近現代在台灣出現如同「異形」的台獨，根本也沒甚麼思想，不過一群人想造反而已，是一種歷史上偶更出現的黑暗勢力，像「異形」般，但存在時間不會太久。

是故，若將獨派和統派做一比較，會發現那是「光明與黑暗」、「自在與滅頂」、「人類與異形」之對比。獨派所擁有的，只是「絕對劣勢」，快要滅頂、消失的東西。也分述如下。

第一、獨派思維、理念永遠得不到世界公開合法的支持，注定是做孤兒：我曾碰到一位獨派的人（認識、不是朋友），我向他說法，我向他說假設如你一個最基層的公務人員（中油），但你堅定娶王永慶女兒為妻（她身價上看千億），你一再努力，十年……二十年……三十年……毫無機會，你還要再努力嗎？你覺得有機會嗎？他一臉茫然。我說台獨類似這例子，快回頭吧！他當然硬是再ㄠ下去……

地球之大，列國之多放眼天下，諸君可曾聽說那一個國家公開支持台獨。（註：我未查證，因為不值得我花五分鐘去查證，或許有國家總面積不到台大校本部的，曾支持

台大逸仙學會開會通知

中華民國九十二年四月二十一日

九二 逸仙字第 003 號

開會日期	九十二年四月二十八日(星期一)下午六時			
會議地點	台大蘇杭餐廳 電話：二三六九八０六一—二 台北市舟山路原僑光堂			
會議主題	一、第一屆與第二屆新舊任會長交接。 二、郭宗甫卸任感謝餐會。			
會議主持人	郭會長宗甫教授	會議聯絡人	王執行長雲東教授	聯絡電話 0926825768 或 23630231—3561 傳真：2775321
出列席人員 說　明	上級指導員：劉燦樹主任，徐平國副主任，李增城專門委員： 卸任會長郭宗甫、榮譽會長何憲武(新任委員)，新任會長：官俊榮。新舊任委員：包宗和、陸雲、馬小康、林火旺、丁一倪、茅增榮、宣家驊、張新民：候補委員：陶錫珍，第二屆監察人：李常譽、陳汝勤、孫立群、候補監察人：陳保基·溪頭校區聯絡人：王亞男，舊執行長：王雲東：舊兼任幹事：林哲慶，郭儒霖。 說明： 一、亦可和卸任會長郭宗甫直接連絡 FAX：23661451 (含電話及錄音)、手機：0938738217 二、感謝諸位長官及逸仙學會的親蜜伙伴們這一兩年來的支持與指導，在郭會長卸任的前夕請來共聚一晚，並給予新任會長多加鼓勵與期許。			
附　註	請各位踴躍參加　　卸任會長 郭宗甫　　敬邀			

台大逸仙學會年度工作報告 92.04.03

工作項目	辦理時間	地點	參加人數	備考（經費來源）
委員會第十次會議暨會長交接	五月六日 18 時	中央黨部餐廳吉祥廳	全體委員來賓等	
攝影展欣賞	五月十六 19 時三十分	台大動物醫院地下一樓國際會議廳	會員自由參加	
全生涯理財規劃座談	五月二十一日 12 時至 13 時	台大動物醫院六樓會議室	會員自由參加	
會員聯誼卡拉 OK 歌唱會	五月二十四日 19 時(五)	台大動物醫院地下大廳	會員自由參加	本會自籌 申請補助
校園公共政策研討會暨第十一次委員會	五月二十八日 18 時(三)	台大動物醫院 312	會員校務會議代表	本會自籌 申請補助
預防醫學講座	六月六日 19 時(四)	台大動物醫院地下大廳	會員自由參加	申請補助
畢業學生會員歡送餐會	六月二十八日 18 時(五)	台大動物醫院地下大廳	全體學生會員	申請補助
會員聯誼旅遊	七月六日(六)	梧棲農會博物館、中國城遊樂區一日遊	90 人	會員自費 本會補助
會員聯誼旅遊	七月十八、十九日(四、五)	清境農場、廬山二日遊	45 人	會員自費 本會補助
迎新說明會	九月二十六日（四）	台大活大 103 教室	全體學生會員及新生	中央補助
迎新座談會	九月二十八日（六）	新生南路 3 段 20 號 12 樓	全體學生會員及新生	中央補助

公共事務研討會	十月十六日	獸醫系 108 會議室	校務會議代表	學會補助
市議員林奕華服務處成立送花致意	十一月十五日（五）	市議員林奕華服務處	全體學生會員	學會補助
市長選舉電話催票	十二月二日	中央黨部	全體學生會員	中央補助
市長選舉造勢晚會	十二月六日（五）	台北體育場	全體會員	中央補助
會員聯誼活動	二月二十二日二日遊計畫（延期）	旗山龍華度假村	全體會員	中央補助，學會補助
學會委員會議	二月十九日（三）	鹿鳴堂餐廳	全體委員	學會補助
學生座談會	三月二日（日）	獸醫系館 410	全體學生，教授會員	學會補助
學會委員會議	三月二十九日（六）	獸醫系館 108 室	全體委員	學會補助
會長改選	四月十一日（五）	動物醫院地下室	全體會員	學會補助，申請補助
會員聯誼活動	四月十二日（六）	新竹古奇峰一日遊	全體會員	學會補助，申請補助
學生座談會	五月上旬	中央黨部	全體學生，教授會員	申請補助

過台獨。）舉凡國際上各大國強國，及自認是像樣的國家（聯合國會員國），不僅都要支持一個中國，且經常「表態」，說該國支持「一中政策」。

就算是百年前，中國病如死豬，「台灣民主國」不得已成立，希望國際承認，結果也沒有任何國家支持當時的台灣獨立。換言之，台獨注定是個國際孤兒，生生世世都是孤兒，說來也怪可憐的，但可憐之人必有可恨之處，有不值得同情之處。

統派面對這樣一個全世界不承認的孤兒，有何可懼怕？於情、理、法，於歷史、文化，於中華民族的文化血緣，台灣永遠是中國的一個省級單位（未來統一也可能是個特別區）。但無論如何！我們便是中國，要把「逸仙思想」在全中國實踐，這是天命！

第二、台獨真搞「去中國化」後，台灣回到「石器時代」：
若諸君回憶台獨偽政權執政那八年，獨派政客一直要用政治惡勢力把各級學校的「中國文化基本教材」，各學校的「中國文

會員聯誼活動	七月中旬	另定	全體會員	申請補助

附註：1、工作預定表以聯繫會員情感之聯誼活動為主，生活講座為輔，並結合年底輔選任務計劃之。

2、聯誼活動經費由會員自行負擔，少部分由本會或申請補助。

3、草案僅供參考，請各組委員就業務指掌增減內容。

4、本年度工作預定表需經委員會討論通過後實施。

5、學生幹部定期座談，專案申請補助。

6、學生幹部開學每週午聚開會，討論每月座談會事宜。

學」各類文章刪除，把我國自堯舜禹……以來的歷史，改成「外國史」若真徹底搞成結果就是：

各位台大逸仙學會會員/先進：　**大家好**

感謝您們歷年來給本會的支持與協助。亦感謝您們過去的一年中，熱情的參與和協助本會所舉辦的活動，使得本會的會務能順利推展。更期盼日後能繼續支持與協助本會會務的推展。

本學會爲慶祝九十八年雙十國慶暨提倡健康休閒活動及聯絡會員情誼，特舉辦新店溪河濱公園自行車及健行郊遊活動。

舉辦日期：十月三日(星期六)上午 8 點 30 分至下午 1 點止。

活動地點：新店溪河濱公園和青年公園(分三種活動組別，可自行選擇所需組別)。

報名日期：即日起至 9 月 9 日止。請詳閱附件「活動」規劃。

敬請　貴會員攜眷報名參加本次「自行車及健行」活動，並慶祝雙十國慶。期盼您們光臨並共襄盛舉。謹此！

敬祝

時祺

台大逸仙學會（印：台大逸仙學會）　陳國華　敬上

中華民國九十八年七月二十六日

台大逸仙學會慶祝(98)双十國慶、新店溪河濱公園自行車/健行活動 參加人數統計表

一. 報名人數：28人（包含會員21人，眷屬7人）

(一)健行組：16人　(三)送行報到組：4人

(二)自行車組：8人

二. 實到人數：24人（包含會員19人，眷屬5人）

(一)健行組：12人　(三)送行報到組：4人

(二)自行車組：8人

◎堯舜禹周公孔子……王陽明、孫中山……全都是「老外」！

◎李白、杜甫、蘇東坡、陸游……也全都成了外國詩人。

◎四書五經、三國水滸、紅樓西廂……西遊記……都是外國文學。

當然「四維」是管仲提出，管仲是中國人，所以「禮義廉恥」也必須廢除；還有台灣現用的「中國方塊字」，更是中國的東西，也要廢，提倡一種台獨基本教義派懂的「台灣字」，這種台灣字有二個特點，一者台灣以外無人能懂，再者島內各族人讀音和語意解讀各不同。

所以，「去中國化」搞下去，台灣就回到「石器時代」至少後退三千年，這違背列祖列宗不言，更成了國際潮流之逆流。全球各大國都在進行「中國化」，台獨卻在「去中國化」。

如此這般，又注定台獨的孤獨、無援、背道，而加速滅頂。有人要跳海自殺，但眾人喚不回，擋不住，也只好眼看著他滅頂、沈沒、消失，只剩水波！！

第三、注定要滅亡，要被終結（被統一），

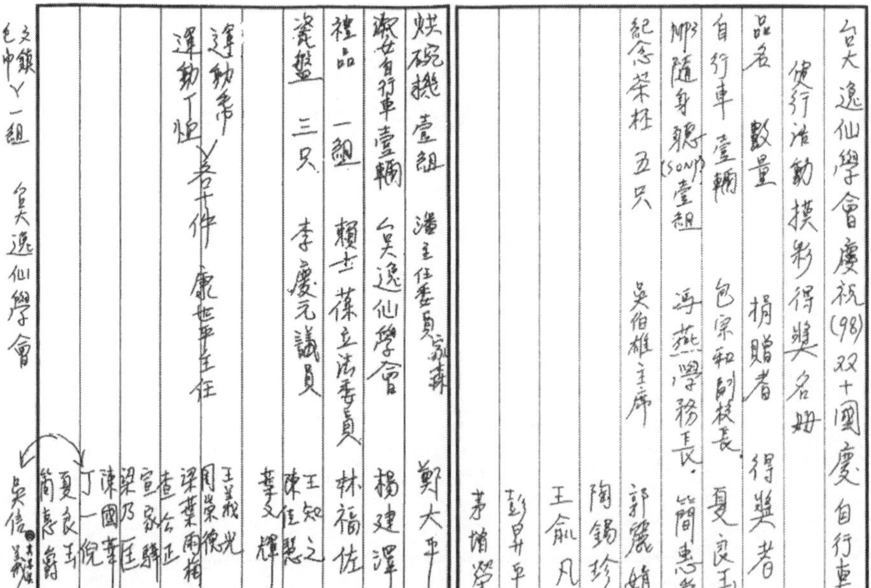
台大逸仙學會慶祝(98)双十國慶自行車
健行活動摸彩得獎名册
品名 數量 捐贈者 得獎者
自行車 壹輛 包宗和副校長 夏良玉
MP3隨身聽(SONY) 壹組 馮燕學務長 簡惠爵
紀念茶杯 五只 吳伯雄主席 郭麗婧 陶錫珍 王龢凡 彭昇平 茅增榮
烘碗機 壹組 潘主任委員家森 鄭大平
淑女自行車 壹輛 台大逸仙學會 楊建渾
禮品 一盒 賴士葆立法委員 林福佐
瓷盤 三只 李慶元議員 王知之 陳佳懸 葉文輝
運動毛巾 運動T恤 若干件 康世平主任 王義光 周榮德 梁葉雨梅 查台正 宣家驊 梁乃匡 陳國華 丁一倪
文鎮 巳中丫一組 台大逸仙學會 吳信義

無夢想、無理想：一百多年前的「台灣民主國」，從生到死，至少也活了三個多月；但今天台獨政客心中的台灣國在那裡？？？苦幹實幹幾十年了，成績在那裡？國家在那裡？注定了只是「做夢」，連夢想都不敢吧！更不敢談理想、談目標，有的，只是悲歌！

我在前面也提過，所有獨派政客和支持者，都心知肚明，台獨即不可能，只好「假戲真做」，認真做，使支持者心中的「想望」得到滿足，就能A到選票，有選票就有職位、有權力；有了職位和權力，A錢才方便。

一言以蔽之，搞台獨是假，搞錢是真，陳水扁家族及獨派許多貪污案都證明我的論述。假搞台獨真搞錢，成了獨派的「必然」，非法組織當然以非法手段搞錢。也因如此，又加速台獨的被終結，當三通和「陸客」自由行啟動，你會發現長江黃河之水已淹過台獨的頭頭，滅頂之際，要不要喊救命？

統派面對一個快滅頂的敵人，有何可懼？但別光顧著新店溪自在遊，戰場上有很多

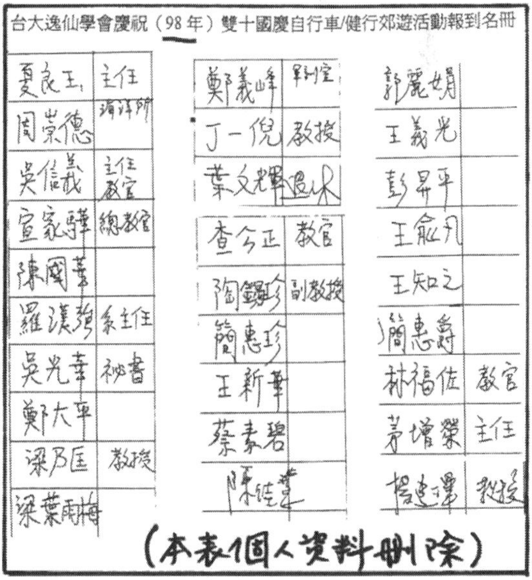
台大逸仙學會慶祝（98年）雙十國慶自行車/健行郊遊活動報到名冊

（本表個人資料刪除）

「意外」！

第四、獨派是孤立無援種族主義者：這幾年獨派始終進行一項自我膨脹的工程，把「閩南人」稱謂改成「台灣人」，把「閩南語」改成「台灣話」，且運用台獨外圍（自由時報、台灣教授協會、長老教會等），強力宣傳，在議會硬搞，有政治智慧的人，就能洞察其深意。

首先「閩南人」意謂著是中國人的一支族群，他們想切斷祖宗的一切關係，叫「台灣人」就和中國人沒關係。但稱「閩南人」為台灣人，台灣島內各族原住民、客家人、大陸來台各省人及後來的外藉新娘等，又要叫什麼人？而實際上大家都是「中國人也是台灣人」才對。

現在「閩南人」要無限上綱，稱自己才是「台灣人」，其他各族人地位、權利，立即被否決，這是一種「福佬沙文主義」，自我「膨風」的種族主義者，注定不會得到台灣島內各族人民支持，閩南人成了孤立無援的種族主義者。但絕大多數的閩南人不會上當，因為閩南人是台灣各族的多數，台獨企圖利用這種多數，綁架全部閩南人，讓人以為全部閩南人都支持台獨。

但顯然，台獨這種「毒計」又落空，因為閩南人是漢人的一支也切不斷。所以，搞了半天，獨派又白做工，成了孤立無援的種族主義者，閩南人還是中國人，只有極少數「忘了我是誰」不承認自己是中國人，把自己祖宗八代全都推翻了。

面對台獨這個歷史的異形，文化的孽子，民族的逆子，祖宗八代的不孝子，他們是「絕對劣勢」者，統派有何可懼？何可怕？

第五、眾神公然與獨派作對，不理獨派執政者的禁令，依然到大陸祖廟參拜、進香：中國民間信仰普及海峽兩岸，且台灣信仰之眾神常要回大陸祖廟尋根，在陳水扁偽政權當政那幾年，媽祖、孚佑帝君等神祇堅持回大陸參拜祖廟，獨派亦禁不了。

類似這樣的事很多，獨派人馬內心有無限的孤獨和恐懼。我認識一個在台北當△幼稚園老師的人，她每次向小朋友講到端午節、中秋節或清明節的故事，都草草帶過，因為會講到中國史、中國詩人、中華民族民俗，都會碰到中國，她碰到中國就嚇壞了。若小朋友問：「老師，民族掃墓節是指那一個民族？」這位老師真的就慌了手腳，她說不出是指「中華民族」。小朋友再問：「老師，為什麼紀念屈原？」她更說不出口。

總結本章和上章，統派和獨派在基本思維上，形成光明和黑暗的對比，形成貪腐與廉政的對照，台獨在台灣的發展到了廿一世紀已然將要滅頂，談不到有任何優勢（除非藍營自己垮了），有的只是「絕對劣勢」。

第五章 一種光明正義力量・終結陳水扁獨派偽政權

獨派的陳水扁偽政權到二〇〇七年之際，已走到末路，次年兵敗如山倒！

為什麼？可以有很多解釋，你可以說搞台獨搞垮了，台獨如一隻「異形」，那些人以為可以控制異形，結果被異形當午餐吃了！也可以說他們自己把自己整垮！

最合理的解釋，可以說是被一種光明正義的力量終結掉了，孫逸

各位逸仙學會委員/監察人鈞鑑：

敬請

台端出席參加台大逸仙學會第四屆委員暨監察人聯席會議。請閱下列開會通知及附加檔案(會議議程資料)。請函覆能否出席本次會議，以作妥善安排。

敬 祝

新年如意！

台大逸仙學會　陳國華 敬上

(行動電話：0928141281)

(0)：　33669516

回 覆

〈 〉 準時參加

〈 〉 不克參加

台大逸仙學會第四屆委員暨監察人聯席會議

開 會 通 知

開會日期：中華民國九十八年 12 月 25 日(星期五)中午 12 點 10 分至

仙思想正是這種光明正義的力量。是故，別小看了「台大逸仙學會」這樣的小組織，這是一盞光明燈，能照亮千古黑暗。這章就談談獨派政權的垮台，彰顯光明正義之力量。

韓非子在「亡徵」篇中，論述四十七種會導至亡國的徵候，檢驗古今中外國家、政權之亡，「準確度」。幾乎百分百，無出韓非子所言範圍之外。就以陳水扁台獨偽政權的另一面向，現代外戚宦官太監後宮之禍，來進行檢驗，也是神準。略引數項於後：

喜淫而不周於法，好辯說而不求其用，濫於文麗而不顧其功者，可亡也。

婢妾之言聽，愛玩之智用，內外悲

下午1　點30分。

開會地點：國立台灣大學校總區新綜合體育館二樓201室

開會主旨：研議會員大會議程及其相關議題

主持人：陳國華　　　　記錄：

出席：台大逸仙學會全體委員暨監察人

討論議題：

一、大會程序案

二、大會工作職掌分配案

三、推選本會第五屆會長

四、延長本會本(第四) 屆委員暨監察人任期案

五、會員大會中安排「專題演講」案

六、增補陳梅香爲本會(第四屆)委員案

七、審核九十八年度收支明細表案

八、審議九十九年工作計劃表案

九、審議九十九年經費預算表案

十、修訂「台大逸仙學會組織章程」案

二、大會工作職掌分配

職稱	姓名	工作要項
主席	陳國華	
司儀	陳梅香	
記錄	高閬生	準備錄音設備、出席簽到、整理紀錄
總務	葉文輝	訂購便當(80元x80)、礦泉水(10元x48)、熱茶、紙杯、大會紅布條、紀念品等
攝影	簡惠爵	
文宣	官俊榮	製作及佈置大會會場指引、會場歡迎海報
	陳梅燕	大會程序表等
開會通知	陳國華、簡惠爵	寄發、聯繫、統計人數
會場佈置	鄭大平、高閬生、林福佐、葉文輝	會議前後，會場的佈置及復原
報到服務	鄭大平、高閬生、林福佐、葉文輝	簽到、發送資料、紀念品、餐飲
接待	羅漢強、梁乃匡、曹培熙、官俊榮、陶錫珍、茅增榮、陳梅香、陳健傑、蘇豐凱	現場接待來賓

決議：

惋，而數行不法者，可亡也。

君不肖而側室賢，太子輕而庶子伉，官吏弱而人民桀，如此則國躁，國躁者可亡也。

后妻淫亂，主母畜穢，外內混通，男女無別，是謂兩主，兩主者可亡也。

父兄大臣，祿秩過功，章服侵等，宮室供養太侈，而人主弗禁，則臣心無窮，臣心無窮者，可亡也。

韓非子詮釋其意，亡徵者非曰必亡，言其可亡也。夫兩堯不能相王，兩桀不能相亡，亡王之機，必其治亂，其強弱相踦者也。木之折也必通蠹，牆之壞也必通隙，然木雖蠹無疾風不折，牆雖隙無大雨不壞。萬乘之主，有能服術行法，以為亡徵之君「風雨」者，

三、 推選本會第五屆會長

說明：

(一) 本 (第四)屆會長任期將於民國 99 年 7 月底屆滿。依本會章程規定，應行改選。

(二) 擬建議新任會長候選人： ，另預留可供提名候選人填寫的空白欄。

決議

四、 延長本會本(第四)屆委員及監察人任期至民國 101 年 7 月 31 日止。

說明：

(一) 本屆委員任期至民國 100 年 7 月屆滿；監察人任期至 99 年 7 月屆滿。爲調整回覆會長、委員及監察人等三項選舉，屆滿前同時舉行，以節省人力資源，及有利會務之推行。

決議：

五、本次會員大會中邀請專家學者作「專題演講」

說明：

(一) 配合本會任務的推展，本次大會中安排「專題演講」。

(二) 擬敦請主講人：朱立倫或王建煊或．．．．

(三) 擬敦請主持人：羅漢強

(四) 時程：60 至 90 分

(五) 經費：

1、 主講費：3 000 元*1=3000 元

2、 講義費：10 元*100=1000 元

合計：4 000 元

決議：

六、增補陳梅燕爲本會本屆委員會委員。

說明：

(一)98 年會員大會通過決議選舉委員 15 名，連同主席共 16 名委員。

(二)經本次會員大會決議通過修訂本會組織章程。其中第十二條修訂爲「委員會設置」含會長 1 人，委員 16 人。

(三)擬依 98 年會員大會選舉結果，第 16 位高票者陳梅燕增補當選爲本屆委員。以敷合新修訂之本會組織章程。

決議：

七、審議 98 年收支明細表

說明：詳如附件二

決議：

其兼天下不難矣。

韓子雖言亡徵非日必亡，但吾人檢驗陳水扁偽政權，其「亡徵」實在太多，故實必亡。雖然大家以為現在這「廿一世紀」，怎可能有「外戚宦官太監後宮之禍」，但事實在眼前，依然有「現代版」的演出。看這篇剪報社論，再想想吳淑珍、趙建銘及其父趙玉柱、陳氏兒女們及阿扁身邊寵臣，不正是韓子言「后妻淫亂、主母畜穢」「君不肖、人民桀（基本教義派）」「喜淫、好辯、濫於文麗」等，真是現代版的外戚宦官之禍。

再檢驗其他，那些圍在阿扁四周的爭食者，不也是韓非子言「婢妾之言聽」、「太子輕而庶子伉」、「父兄大臣祿秩過功」、「臣心無窮」……中國歷史上的地方割據政權，未有如此貪婪腐敗者！

在人類歷史上，古今中外類似這種后妻淫亂、外

十、修訂「台大逸仙學會組織章程之第二條、第五條、第十一條、第十二條。

說明：

(一) 奉98年會員大會決議，敦請本會委員會研修本會組織章程。

(二) 經召開本會委員會會議，決議，建議修訂條文通過如下(參見附件三)：

1、 組織章程之第三條 【會址】修訂爲：

本會設於台北市八德路二段232號2樓

2、組織章程之第五條 【會員資格】修訂爲：

凡中國國民黨黨員或認同 國父孫逸仙先生理念者，曾服務或就學於台灣大學，經申請及本會審查通過，得爲本會會員。

3、第十一條【會員大會之職權】修訂爲：

一、選舉會長、委員及監察人。

4、組織章程之第十二條 【委員設置】修訂爲：

第十二條【委員會及監察人設置】

(1) 由會員大會選舉會長一人，委員十六人，共同組成委員會，並由會長擔任召集人。

(2) 本會並置監察人3人。

(3) 本會置執行長一人，由會長提名經委員會同意後聘任之，協助會長綜理會務。

(4)會長、及委員及監察人任期兩年，其任期一致，同時改選，得連選連任。

決議

臨時動議：

散會

戚太監之亂政史，可能裝滿幾個圖書館，可以肯定的，台灣獨派這段淫亂史，必使中外政壇的淫亂史失色。單就中國史一小部份，也能在許多篇章中與其他淫亂史，比淫比亂比濫比姦，都佔了「重要」一席之地。

談到宦官太監之禍，吾國歷史上以明代為最，阿扁的「宦官太監」群，其姦惡無道和帶給人民的苦難，尤其用非法手段貪污的錢財，導至動搖國本，約等同於「東廠」。而二者都造成政權瓦解，改朝換代，就算不和明代東廠比，與唐代結束前的宦官劉季述、韓全誨相比，阿扁身邊如邱義仁、馬永成，其淫亂腐敗，還是「齊鼓相當」。

附件一.

台大逸仙學會(□入會　□繼續會籍)申請書

姓　名		性別	□男 □女	出生日期	民國　年　月　日	身份	□台大教職員工(含退休) □ 台大學生(含畢業生)	識別証號碼	
學　歷	主要學歷學校名稱				科系	教育程度			
						□1.博士□ 2.碩士□3.學士□4.專科□5.高中/職 □8.其他			
現　職	任職單位				職稱				
聯　絡 方　式	電子郵件(E_mail)			傳　真(Fax)		住宅電話(H)	公司電話(O)-分機		行　動　電　話
通訊處	□□□-□□(郵遞區號)								
申請入會條件		□具備中國國民黨黨籍 黨籍字號:________				□認同 國父孫逸仙的理念			
審查意見	台大逸仙學會					備註			
	執行長			會長					

申請入會者：

簽章　年　月　日

(九十九年三月製訂)

談到扁妻吳淑珍，其淫亂專橫與不知人民疾苦，跋扈和斂財的本事，幾使阿扁成為一具木偶，國家之人事錢財由她一人在幕後操控，古今中外「后」級女人中，無可比擬，她真是「空前絕後」。但就生活奢華浪費和不知人民疾苦，倒與法國大革命被推翻的路易十六皇后，瑪莉安托尼內特（Maria Antonia Josefa Johanna Von Habsburg-Lothringen, 1755-1793）很類似。因為當人民失業窮困，沒有麵包吃時，瑪莉不僅奢華生活照過，且變本加厲索聚民財。有人向瑪莉皇后說：「人民現在連麵包都沒得吃了！」她竟說：「沒有麵包吃。為甚麼不吃牛排？」

而類似的話，吳淑珍也說過，她利用「陳水扁時代這八年，大事聚財，大概想升官發財的人都要送錢給牠，否則可能升官無望，生意也做不下去。難免有人心不干情不願，阿珍說：「錢不送來，我叫推土機壓下去！」天啊！如此的「黑心肝第一夫人」，「推土機」是甚麼？不外是她掌控的情治系統或國安單位吧！宦官太監的一批惡姦走狗。

而那「黑心肝第一夫人」，數不完的淫亂、斂財，A走台灣人民多少億銀錢，最後竟因「病」不用坐牢了，台灣有法律嗎？但她絕逃不出因果的制裁！

說到陳水扁時代那八年的台灣社會，就像中國每一個要結束的朝代末年，如漢末、隋末或晚唐；或宋、元、明、清之晚葉，說不完的昏亂。在「隋書」上有幾段話，描寫

社論

外戚宦官之禍要從制度面防阻

人間福報，民95.5.31

中國歷朝衰亡，幾乎逃不出某些共同的宿命：一是外戚干政，一是宦官亂朝。民進黨執政六年，似乎也未能克服這個歷史的循環，令人嘆息！

外戚干政的特色，是先有一個主上的至親，貪財好權，然後一批小人簇擁左右，如蠅附羶，形成一個特權的網絡，上下其手，營私謀利，不顧法紀，最後自然不免由縱容外戚的主子承擔後果與責任。

陳水扁總統女婿趙建銘之敢於關說人事，打探股市秘情，介入醫院藥品採購，甚至父以子貴，趙建銘父親趙玉柱竟能身兼數家公司顧問，月入數十萬元，且縱橫於南部教育界，左右校長人選。何以致之？從六年來零零碎碎的新聞拼湊起來，趙建銘的丈母娘喜歡對政事參一角，應是無可懷疑的共識。如果丈母娘能嚴守官邸戒律，絕不過問政事，怎會有子女敢在外面招搖撞騙，私打電話，儼然另一個小朝廷？

今日總統府當然已沒有宦官，但貼身近臣卻彷彿有著宦官的影子。古今凡為主上者，為了行使權力的方便，為了繞過法定體制羈絆，多喜在體制外找尋缺口，得以便宜行事，於是貼身近臣從恃寵而驕，進而玩法弄權，最後則一手遮天，為己謀利。

孫子兵法說：「將者，國之輔也」，又說：「國家安危之主也」。可見輔佐重臣繫國家之興亡，而主子棄重臣而親寵臣，這就是諸葛亮所說「遠賢臣、親小人，此後漢之所以傾頹也」。物必自腐而後蟲生，蒼蠅不會叮在清潔的物體上，及至樑柱腐朽遭蛀蟲掏空，也就是大廈將傾之日到了。

在先進的民主國家，當然也不乏外戚、宦官之禍，但他們的民主機制中藏有幾種極具效果的防腐劑，其一是完備的文官制度；其二是獨立無私的司法體制與周延的法律；其三是公正而不偏不倚的輿論。此三者鼎足而立，才能構成一面嚴密的防弊網，使外戚與宦官雖能獲得主上的寵信，但不致使事情弄得不可收拾，禍延上主。

台灣政治先天不足，最大的缺失在於文官體制不健全。政務官權力太大，既插手事務官的管轄範圍，又可任意調動事務官，事務官失去依法行政獨立精神。事務官要仰政務官的鼻息行事，則「依法行政」便成具文，事務官隨時要曲承上意，如此才能保住官位。此時政務官就不只是政策的制訂者，而變成了「一把抓」的獨裁者了。總統女婿可自由進出國營或官股主宰的金融機構，呼風喚雨，左右人事，這在文官體制健全的國家，實為天方夜譚。

台灣走到這一步，痛定思痛，無論藍綠，均應從制度面去思考防弊之道，而惡聲譏罵黨同伐異，不是解決問題之道。趙建銘案件應視為不健全制度下的必然產物，對他個人，我們可以哀矜勿喜的心情去看待，尤不有看熱鬧、看笑話的態度，如不能根救起，則未來不論是誰執政，還有第二件或第三件駙馬事件，可不乎？

誰說現代沒有宦官、太監？誰說現代沒有後宮、外戚亂政？陳水扁偽政權這八年滿朝盡是……司馬千春秋之筆批註於二〇〇八年盲問.

大業末年的政局社會：

> 政刑弛紊，賄貨公行……茫茫九土，並為麋鹿之場，惵惵黔黎，俱充蛇豕之餌……土崩魚爛，貫盈惡稔……終然不悟。

陳水扁之亂政如大唐僖宗等昏君，終使大唐帝國崩亡；性格之無常狂暴又似隋煬帝，以消耗國力為能事，為短命的隋朝快速了結。阿扁則快速為夢幻王國台獨，用一支銳利的針「刺破」，告訴人民「台獨是玩假的，貪錢洗錢才是真的」。

再看更廣的範圍，看全台灣好了，自從台獨思想在島內激化，全台灣儼然唐末藩鎮割據局面。在中國未統一之前，「藍綠割據」局面絕不可能善了，人心如此，

台大逸仙學會九十八年委員會委員暨監察人

聯席會議會議紀錄

開會日期：中華民國 98 年 12 月 25 日(星期五)中午 12 點至下午 1 點 30 分。

開會地點：國立台灣大學校總區新綜合體育館二樓 201 室

開會主旨：研議會員大會議程及其相關議題

主持人：陳國華　　記錄：鄭大平

出席：台大逸仙學會全體委員會委員及監察人，如簽到表名單。包宗和、林火旺和蘇豊凱等三位委員請假，未出席。

討論議題：

一、會員大會程序

說明：

(一) 時間：中華民國 99 年 3 月 26 日(星期五)下午 5 點至 9 點

(二) 地點：國立台灣大學綜合體育館(新館)二樓 248 室演講廳

(三) 大會程序：

17:00~17:50：報到、用餐(在 247 室)、領取紀念品(憑開會通知領取)

18:00　：大會開始

18:00~18:10：典禮程序(唱國歌向國旗暨國父遺像行敬禮)

18:10~18:20：主席致詞(及介紹來賓)

18:20~18:40：來賓致詞

18:40~18:50：工作報告

18:50~19：40：議案討論

19:20~19:30：選舉第五屆會長

19:30~21：00(專題演講

主講者：　講題：　主持人：

演講費：

21：00~21:1 0：宣布選舉結果

21：10~21：30 摸彩

20：30　：大會結束

決議；

二、大會工作職掌分配

職稱 姓名	工作要項
主席：陳國華	
司儀：陳梅香	
記錄：高聞生	準備錄音設備、出席簽到、整理紀錄
總務：葉文輝	訂購便當（80 元 x80）、礦泉水(10 元

章程規定，應行改選。

(二) 擬建議新任會長候選人：馬小康，另預留可供提名候選人填寫的空白欄。

決議 ：

本(第四)屆會長及監察人皆延任一年，至民國 100 年 3 月 31 日止。以調整會長、監察人及委員等三項選舉同時舉行，以符合本會章程。

四、 延長本會本(第四)屆委員及監察人任期至民國 101 年 7 月 31 日止。

說明：

(一) 本屆委員任期至民國 100 年 7 月屆滿；監察人任期至 99 年屆滿。為調整回覆會長、委員及監察人等三項選舉，屆滿前同時舉行，以節省人力資源，及有利會務之推行。

決議：

委員任期不調整

五、本次會員大會中邀請專家學者作「專題演講」

說明：

(一) 配合本會任務的推展，本次大會中安排「專題演講」。

(二) 擬敦請主講人：朱立倫或金溥聰或王建煊・・・。

(三) 演講主題：大學品格教育相關題目，由主講者訣定。

熱茶、紙杯、大會紅布條、紀念品等

攝影：簡惠爵

文宣：官俊榮　　製作及布置大會會場指引、會場歡迎海、

陳梅燕　　大會程序表等

開會通知：陳國華、簡惠爵　　寄發、聯繫、統計人數

場佈置：鄭大平、高閬生　林福佐、葉文輝　　會議前後，會場的佈置及復原

報到服務：鄭大平、高閬生　林福佐、葉文輝　　簽到、發送資料、紀念品、餐飲

接待：羅漢強、梁乃匡、曹培熙、官俊榮、陶錫珍、茅增榮、陳梅香、陳健傑、蘇豐凱　　現場接待來賓

決議：通過

三、 推選本會第五屆會長

說明：

(一) 本 (第四)屆會長任期將於民國 99 年 7 月底屆滿。依本會

理念者，曾服務或就學於台灣大學，經申請及本會審查通過，得為本會會員。

3、 第十一條【會員大會之職權】修訂為

一、選舉會長、委員及監察人。

4、組織章程之第十二條 【委員設置】修正為：

(1)由會員大會選舉會長一人，委員十六人，共同組成委員會，並由會長擔任召集人。

(2) 本會並置監察人 3 人

(3)本會設執行長一人由會長提名經委員會同意後聘任之，協助會長綜理會務。

(4)會長、委員及監察人任期兩年，得連選連任。

決議：通過

七、 增補陳梅燕為本會本屆委員會委員。

說明：

(一)98 年會員大會通過決議選舉委員 15 名，連同主席共 16 名委員。

(二)經本屆委員會第一次會議決議通過修訂本會組織章程。其中第十二條修訂為「委員會設置」含會長 1 人，委員 16 人。

(三)擬依 98 年會員大會選舉結果，第 16 位高票者陳梅燕

(四) 擬敦請主持人：羅漢強

(五) 時程：60 至 90 分

(六) 經費：

1、 主講費：3 000 元*1=3000 元

2、 講義：10 元*100=1000 元

合計：4 000 元

決議：(一)修正通過

(二)地點如更改，場地費再增加

(三)請馬小康教授協助敦請朱立倫做專題演講

六、修訂「台大逸仙學會組織章程之第三條、第五條、第十一條第十二條

說明：

(一) 奉 98 年會員大會決議，敦請本會委員會研修本會組織章程。

(二) 經召開本會委員會會議，決議，建議修訂條文通過如下(參見附件一)：

1、組織章程之第三條 【會址】修正為：

本會設於台北市八德路二段 232 號 2 樓青年部

2、組織章程之第五條 【會員資格】修正為：

凡中國國民黨黨員或認同 國父孫中山(逸仙)先生

人性亦如此。所以，統一還真是治好台灣內部割據及人民對峙的唯一藥方，說奇也不奇，中國歷史的必然嘛！

我為何強調台大逸仙學會是一個深值「複製」的典範？因為這個組織的核心思維正是一種光明正義的力量，「孫逸仙思想」是目前兩岸人民共同推崇。所以，很多人看的清清楚楚，大陸目前的國家建設，鐵公路港口的基礎工程正是中山先生當年規劃的願景。

所以，台大逸仙學會應在各大學複製，再因地因人改良或創新。未來將有「政大逸仙學會」、「師大逸仙學會」、「成大逸仙學會」等……

增補當選為本屆委員。以符合新修訂之本會組織章程。

決議：(一)通過

(二)日後需徵選周家蓓教授協助本會

八、修訂組織章程通過後，即刻依新規章辦理認同本會組織章程者申請加入本會會員。申請表格如附件二。

決議：通過

九、審議 98 年收支明細表

說明：詳如附件三

決議：

十、審議 99 年度工作計劃

說明：

元月九日：委員及監察人聯席會議暨會員大會籌備會議。

三月二十六日：召開會員大會暨專題演講。

四月九日：舉辦氣功研習班(與台大教聯會和新台大聯誼會合辦)

(每周六一次 共十二週)

十月三日 慶祝雙十國慶日活動 (星期六)

決議：(一)通過 (後略)

第六章　馬英九的春秋大業與春秋定位：終統之實踐

魔鬼滅亡了，不表示上帝就完成了春秋大業，取得崇高的「春秋定位」。台灣內部的統獨鬥爭，正是這種情況。以下分三個子題討論本章的核心內涵。

第一、「春秋正義」釋意：

「春秋」是指我國春秋時代各國國史的通名，也是魯國國史的專名。現有的春秋記述內容，從魯隱公元年（西元前七二二）起，到魯哀公十四（西元前四八一），共計十二代君主，二百四十二年。春秋的作者是孔子，歷史上為春秋作傳的很多，今傳有左傳、公

國立台灣大學逸仙學會九十九年會員大會

開　會　通　知

開會日期：中華民國九十九年三月二十六日(星期五)下午5點至9點。

開會地點：國立台灣大學校總區綜合體育館(新館)2樓248室演講廳。

開會主旨：舉行會員大會及舉辦專題演講

主持人：陳國華

出席：台大逸仙學會全體會員

邀請來賓：包副校長 宗和、金秘書長 溥聰等(邀請仍進行中)。

討論議題：

一、推選本會第五屆會長案

二、修訂「台大逸仙學會組織章程」

三、審核九十八年度收支明細表案

四、審議九十九年工作計劃表案

五、審議九十九年經費預算表案

專題演講：

演講者：包副校長 宗和教授

講　題：兩岸關係中的政治問題

主持人：羅主任 漢強教授

羊傳和穀梁傳，簡述之。

「左傳」，另名「左氏春秋」，作者左丘明，約成於戰國初年。左傳記載春秋時代各國史事甚詳，強調民本思想和禮義，堅定認為國家領導人的一切思維，均要源自「民本」，人民才是國家之本。

「公羊傳」，儒家口耳相傳的解經之作，到漢景帝時才由公羊家族寫成定書，公羊傳闡揚孔子春秋的大義意涵，在大一統、仁政、反侵略思想，尤其在區別「中國」與「非中國」有明確釋意，是儒家政治思想的寶庫。

「穀梁傳」相傳是子夏的弟子、魯人穀梁赤所作。與前二傳相比，穀梁傳

大會工作人員

主持人：陳國華

司　儀：陳梅香

記　錄：高閩生

總　務：葉文輝

文　宣：官俊榮、陳梅燕

開會通知：陳國華、簡惠爵

報到服務：鄭大平、高閩生、查公正、葉文輝、簡惠爵

接　待：羅漢強、梁乃匡、曹培熙、官俊榮、陶錫珍、茅增榮、陳梅香、蘇豊凱、林育瑾

會場佈置：葉文輝、鄭大平、陳梅燕、查公正、高閩生

台大逸仙學會第四屆組織成員：

會長：陳國華

委員：林火旺、羅漢強、宣家驊、丁一倪、茅增榮、官俊榮、沙依仁、馬小康、陸豐、鄭大平、梁乃匡、葉文輝、蘇豐凱、林育瑾、游若萩、

監察人：包宗和、孔慶華

委員會各組之職掌

類別	委員成員	職掌
行政組	梁乃匡(召集人)、沙依仁 葉文輝、林育瑾	一、文書處理及建檔 二、行政聯絡 三、籌辦各類行政會議 四、本會財務之規劃和募集。 五、財務的列管 六、本會年度經費之編擬 七、本會經費之核銷及編列帳冊 八、開會通知之發佈 九、其他相關工作
學術組	羅漢強(召集人)、林火旺、陸豐、馬小康、游若萩	一、籌辦各類學術活動 二、企劃本會的發展 三、籌辦校園及社會議題之研討會 四、其他相關工作
活動組	丁一倪(召集人)、官俊榮、茅增榮、	一、籌辦各項聯誼活動 二、其他相關工作
組織聯絡組	宣家驊(召集人)、鄭大平、蘇豐凱	一、招募會員及審核會員資格 二、本會之組織及發展 三、會員之聯繫

更好言褒貶，對當時從政之人有賢、善、美、惡、譏、刺、卑、微之批判，尤其批判貪腐甚力，更闡揚孔子「正名」思想，均屬「春秋之義」。

綜合春秋三傳之「春秋正義」內涵，包括大一統、民本、仁政、正名、反侵略、反貪腐及「中國和非中國之別」等思想，事實上，這些價值孔子在世時，常於各種講經說法、教學、言談提到，經幾千年發展，已成中國社會一般人民及政治人物治國的核心思想。凡是違背這些思想價值，其政權和統治者都很難被人民接受，通常這些政權都存在不久（如地方割據等），不是垮台，便是回頭擁抱「正確」的春秋正義價值。故曰：「孔子成春秋而亂臣賊子懼」，歷代史官乃本春秋大義標準，證述並批判當時國事。是故，「春秋正義」在我國歷史上，也稱「千年憲法」。

中國歷史上各朝代之被終結或垮台，皆因統治階層違背了「千年憲法」的精神思想，因而被人民推翻了。但有些政權及時醒悟流失「春秋正義」的後果，急忙回頭，回到合乎春秋之義的軌道上，得以「存活」，並開創更輝煌的局面。元初、清初及毛澤東時代的「文化大革命」，都大搞「去中國化」發現路走不下去（硬走下去便是滅亡），便回頭大搞「中國化」，以「取悅」人民，換取政權的「存活」。

台獨執政那八年，是「典型」的違反春秋正義，違反中國「千年憲法」，台獨思想是地方割據的異形，陳水扁家族洗錢案及獨派政客貪污案一一曝光，都是一種「證明」。證明甚麼？

證明分離主義、地方割據思想的「暫時性」：維持不久的政權，既不久要垮台，有權力的人便能吃盡量吃，能撈盡量撈，撈飽了走人。

當然，萬事萬物都是相對的，要「擁抱上帝」，必「得罪魔鬼」。如馬英九（代表統派）要推三通，便要陳雲林來，獨派激進者（大多是盲從者）便抗議；要辦陳水扁，一群獨魔便會反撲，會有一些些動亂，這是「必要成本」。即使這一點「成本」，還是有很多人覺得成本太高。

但，那有甚麼關係呢？當長江黃河巨浪衝來，濁水溪或愛河邊那一點微風細雨都是小泡沫，山都擋不住的。中國歷史進行曲有一定的譜調，春秋正義在，邪不勝正。未來台灣的統派要和大陸執政者、人民緊緊連結在一起，目的是宏揚中華文化，高舉春秋正義、仁政、民本，正名的大旗，統一便是很自然的得到全民支持而如水到渠成，也很自然的終

結掉台獨。就算有極少死硬派反抗，惟大勢所趨，小泡沫起不了作用。

啊！孔子，有你便有中國

無你，中國在那裡？

第二、義便是義，還有什麼春秋正義？

「義」是人的良知和理性的表現，也是判斷是非、善惡的標準，其標準亦有消極面和積極面兩個「水平」。從消極面說，凡不合乎義的事，我們斷然不做，這叫「有所不為」；從積極面說，凡合乎義的事，我們必須去做，這叫「有所為」。

到底一個人應該有所為，還是有所不為？得視事情之性質和機緣。故孔子講「執兩用中」，孟子曰：「義者，宜也。」韓越說：「行而宜之之謂義。」都是在解釋

台大逸仙學會九十九年會員大會

大會議程

開會日期：中華民國九十九年三月二十六日(星期五)下午 5 點至 9 點。
開會地點：國立臺灣大學校總區綜合體育館(新館)2 樓 248 室演講廳。

主席：陳國華　　記錄：高闓生

出席：台大逸仙學會全體會員

一、主席致詞(及介紹來賓)：

二、來賓致詞：

三、會務報告：

(一) 本(第四)屆會長及監察人任期，將於今年 7 月 31 日屆滿，本大會將進行改選，並提案討論調整委員的任期。

(二) 去年國慶日，本會舉辦「慶祝雙十國慶新店溪河濱公園單車/健行活動」。因活動當天碰上下雨和巧遇中秋節，參加人數共 24 人(會員 19 人眷屬 5 人)。此次日期選擇不恰當，本人甚表歉意。報名費收入 4620 元，支出 10911 元，不足 6291 元，由本會經費支付。

(三) 感謝贊助慶祝國慶活動豐厚摸彩獎品之人士。贈獎品者有：吳伯雄主席、包宗和副校長、馮燕學務長、潘家森主委、賴士葆委員、李慶元議員、康世平主任。所贈摸彩品，已全數領出。

(四)本會 98 年 1 月至 98 年 10 月，經費支出共新台幣 66897 元 ，請詳閱附件(一)。(P.12)

(五) 去年(98 年)4 月 12 日起，本會與台大教授聯誼會和新台大聯誼會共同合辦「氣功研習班」，共有 31 位完成課程。學員反應熱烈、稱許，今年 4 月 10 日(星期六)起繼續舉辦，歡迎有興趣者報名參加研習。

(六) 去年五月一日舉行本會本屆第一次委員會，議定委員會的組織及職掌 ，並依上次會員大會決議，委請「委員會」修訂本會組織章程，業已研訂「修正案」，提交本大會討論

(七) 去年 12 月 25 日舉行本會本屆委員暨監察人聯席會議，籌備本次會員大會，並決議通過本大會之「討論提案」。

(八) 感謝國立臺灣大學教師退休人員聯誼會丁理事長一倪教授多次提供該會籌辦的活動給本會會員參加機會。

(九) 本大會程序於「討論提案」後有精闢的「專題演

一個人的行為，如何才是「義」。合宜就是義，就是正當；不合宜就是不義、不正當。孟子又說：「羞惡之心，義也。」又曰：「非其有而取之，非義也。」已明示吾人「有所不為」、「有所不取」，凡損人利己，有害公眾之事，均為不義。而「己立立人，己達達人」，便合乎義。

中山先生講的義，就是「正義」，他在「民族主義」第六講說：「講到義字，中國人在很強盛的時代，也沒有完全去滅人國家，比方從前的高麗（又名朝鮮，今韓國），名義上屬中國的藩屬，實際上是獨立國家。就是在二十年以前，高麗還是獨立，到了近一、二十年高麗才失其自由（指日本發動甲午戰爭併吞韓國）。證明

講」（敦請包副校長宗和教授演講「兩岸關係中的政治問題」，敬請各位先進參與「專題演講」。

四、討論提案：

提案一、

案由：推選本會第五屆會長

說明：

(一)本(第四)屆會長任期將於民國 99 年 7 月底屆滿。依本會章程規定，應行改選。

(二) 本會本(第四)屆委員及監察人聯席會議決議，建議：本(第四)屆會長及監察人皆延任一年，至民國 100 年 7 月 31 日止。以調整會長、監察人及委員等三項選舉同時舉行，以符合本會章程。

決議 ：

提案二、

案由：修訂「台大逸仙學會組織章程之第三條、第五條、第十一條、第十二條

說明

(一) 奉 98 年會員大會決議，敦請本會委員會研修本會組織章程。

(二) 經召開本會委員會會議決議，建議修訂條文通過如下(參見附件二)：(P.13)

1、組織章程之第三條 【會址】修正爲：

<u>本會設於台北市八德路二段 232 號 2 樓青年部</u>

2、組織章程之第五條 【會員資格】修正爲：

凡中國國民黨黨員或認同 國父孫中山(逸仙)先生理念者，曾服務或就學於台灣大學，經申請及本會審查通過，得爲本會會員。

3、 第十一條【會員大會之職權】修訂爲

一、選舉會長、委員及監察人。

4、組織章程之第十二條 【委員設置】修正爲：

(1)由會員大會選舉會長一人，<u>委員十六人</u>，共同組成委員會，並由會長擔任召集人。

(2) 本會並置監察人 3 人

中國人講信義，日本人不講信義。」中山先生又說：「中國強了幾千年而高麗猶在，日本強了不過二十年，便把高麗滅了。」孫中山以史事說明倭奴鬼子是不義之民族，而我國如孟子言「行一不義，殺一不辜而得天下，皆不為也。」亦見兩國（民族）文化之高低。

當代猶太社會思想家諾錫克（Robetr Zozick）在他的「正義論」指出，人類行為如何才算公正、公道合乎正義原則？牽涉三個主題：第一個是最初取得的方式是否合宜？第二是轉移過程，如某甲轉移到某乙，是否涉到藉交易、贈送，或欺騙、脅迫等不義行為而達成？第三為過去不義之擁有，經過改正、補救手續，得以堂堂

(3)本會設執行長一人由會長提名經委員會同意後聘任之，協助會長綜理會務。

(4)會長、委員及監察人任期兩年，得連選連任。

決議 ：

提案三、

案由：：增補陳梅燕為本會本屆委員會委員。

說明：

(一)98 年會員大會通過決議，選舉委員 15 名，連同主席共 16 名委員。

(二)經本屆委員會第一次會議決議，建請本次大會修訂本會組織章程。其中第十二條修訂為「委員會設置」，置會長 1 人，委員 16 人。

(三)擬依 98 年會員大會選舉結果，第 16 位高票者陳梅燕增補當選為本屆委員。以符合新修訂之本會組織章程。

決議：

提案四、

案由：審議 98 年經費支出明細表

說明：詳如附件一

決議：

提案五、

案由：審議 99 年度工作計劃

說明：

元月九日：委員及監察人聯席會議暨會員大會籌備會議。

三月二十六日：召開第四屆第二次會員大會暨專題演講。

四月九日： 舉辦氣功研習班(與台大教聯會和新台大聯誼會合辦)

(每周六一次 共十二週)

(參見附件三及附件四)

(P.14～P.16)

台大逸仙學會九十九年會員大會
會議紀錄

開會時間：民國 99 年 3 月 26 日下午 6 時至 9 時。
開會地點：台灣大學校總區綜合體育館（新館）2 樓 248 室演講廳。
主席：陳國華教授　　　　　　　　　　記錄：高閩生

一、 唱國歌及向國旗暨　國父遺像行三鞠躬禮。

二、 主席致詞（及介紹來賓）：

各位逸仙的先進，各位師長，各位來賓，大家好。首先感謝各位撥冗參加這次的會員大會，尤其今天天氣很冷大家能在此相聚，令人感佩，也在此謝謝工作人員，由於他們的辛苦使得大會能夠順利舉行。此次選擇在 3 月 29 日前夕來舉辦會員大會，為的是紀念青年節，另外就是緬懷建國的先烈們。另外針對此次大會的議題，希望各位能惠示卓見，議案討論後將進行一場專題演講，今天很榮幸的請到包副校長做專題演講，講題是兩岸關係中的政治問題，也很高興的請到羅漢強教授擔任主持人。大會結束後有準備精彩的摸彩活動，期待各位的參與。

介紹蒞會貴賓：

台大包副校長宗和
中國國民黨青年部夏主任大明
朱炎院長夫婦
前逸仙學會會長梁教授乃匡
沙依仁教授
羅漢強教授
賴士葆辦公室朱主任曉明
台北市議會李慶元議員

貴賓很多因時間關係就不一一介紹。

請夏主任大明致詞：

辛苦的陳教授，還有包副校長及今晚出席的師長及各位先進，大家晚安。來逸仙學會不只一次了，到逸仙參加活動一直是我最想來的地方，大家都是我敬佩的先進，這個區塊也是我該關照的，過去這一年我們雖有一點點成果，但這些成果督促著我們還要繼續努力。金秘書長原本約定今日要來，但因有臨時行程，沒辦法來，要我代表問候大家。金秘書長也是來自校園，所以對校園特別重視，跟先前的吳秘書長一樣。校園環境一直都是我們很重視的地方。尤其台大逸仙過去這一段時間在陳教授及在座各位努力下，成就了現在的規模。我們也一直希望能把知青黨部的理念延續下來，在座的先進很清楚情況有一些改變，馬總統上任後對校園這個區塊，大家一直都關心著。我一直都很佩服逸仙學會，不管在台中、高雄等各地逸仙學會的運做及規模一直都是我向大家報告的一個模範，我希望大家的努力能像輻射般的向外延伸，台中已經形成了，中區成立了中區教授聯誼會，已經開始恢復運作，高雄及北區還在繼續努力；希望能以台大逸仙為核心將北區的學校聯繫起來，這一部分我們會全力來協助，我們的理念是希望像今晚這樣的聚會能增加，找出校園內的老朋友，好朋友，或是新朋友加入我們，以台大逸仙向外輻射，將各大專院校像逸仙這樣的團體能夠重新召喚出來，讓大家意見能夠整合，建立一個聯誼的平台。因為選舉的因素黨籍隨戶籍是不會改變的，平常大家的生活是在學校，校園文化有它的特殊性，像逸仙這樣的聯誼會，應該是未來發展的主軸。像今天這樣的聚會很重要，如果有需要協助的地方我們一定幫忙，今天是請包副校長談兩岸關係，也許下一次請教育部吳部長談教育的議題，隔一段時間後也可以請經濟部長針對 ECFA 提出說明；透過各位在學術界的專業素養，對政府的政策方針做一些說明，讓更多人了解政府的政策，這是我的一些想法，如果需要促成，我們會全力以赴。再次謝謝逸仙師長們，祝大家晚安。

學生代表逸仙學會委員蘇豐凱：

各位師長，夏主任，長輩們大家好。在台大，學生參與政治性活動的比較少，現今學生想參與政治的比較少，再加上黨政軍不得進入校園的限制，使得學生們討論政治活動很冷漠，但政治是管理眾人之事，每個人都應多多參與。現今校園的黨員有斷層的問題，因為學生在學校的時間不長，畢業後即失去聯絡，勉勵自己擔任一個橋樑的角色，多號招志同道合的學生相聚在一起，希望能號召更多的學生一起來為我們的理念共同努力。

三、 介紹本會第四屆組織成員：

請參閱會議資料。

四、 工作報告：

請參閱會議資料。

通過。

五、 討論提案：

提案一、

案由：推選本會第五屆會長

決議：本會第四屆會長及監察人皆延任一年，至民國 100 年 7 月 3　1 日止。

提案二、

案由：修訂「台大逸仙學會組織章程之第三條、第五條、第十一條、第十二條」

決議：修正通過。

必須具有中國國民黨黨員資格者，始得成為會長候選人。

提案三、

案由：增補陳梅燕為本會本屆委員會委員

決議：鼓掌通過

提案四、

案由：審議98年度經費支出明細表

決議：鼓掌掌通過

提案五、

案由：審議99年度工作計劃

決議：若有能力雙十節及 國父誕辰皆辦理活動。

其他活動鼓掌通過。

提案六、

案由：審議99年支出經費預算

決議：修正通過

經費預算金額核算有誤，請予訂正。

提案七、

案由：審議入會申請表案

決議：修正通過

部份填寫欄空間太小，應予調整。

六、臨時動議：

無

七、專題演講：

主持人：羅漢強教授

演講人：包副校長宗和

講題： 兩岸關係中的政治問題

內容：略

八、摸彩

九、散會

正正的擁有。以上諾錫克稱「獲得、轉移、改正」三正義原則，此與吾國古聖先賢的正義論述相通。

以上析論，亦見正義是人類社會的普世價值，為人類社會之能成「人類社會」最重要的價值標準。

吾人為何正義之上又加「春秋」，這顯然是民族文化的設限，如伊斯蘭文化以信仰阿拉為正義標準，其他民族亦同。我國「春秋正義」，源於孔子作春秋，後世為春秋作傳者最有名的三家是左傳、公羊傳和穀梁傳。綜合各家內涵有四：

- 禮義廉恥是國家社會的普遍價值。
- 仁政、統一和反侵略是中國政治思想的核心。
- 發揚論語中的仁義道德忠孝節義精神。
- 對不義的統治者秉筆直書亦恒持批判態度。

以上四個內涵正是春秋正義的四大價值標準，在中國歷史上講任何人的行為，義與不義，甚至歷史走向，都受此規範，春秋正義也叫中國歷史文化的「千年憲法」。故「孔子成春秋而亂臣賊子懼」，如公元二〇〇四年「三一九槍擊案」和現在這些台獨份子，甚麼都不怕，就怕春秋正義之前，「董狐」之筆不留情，說他們是亂臣賊子，篡竊者，這恐怕是無可避免的歷史定位了。嗚呼！傷哉！篡偷盜均不義也。

第三、馬英九的魄力、智慧和歷史地位：春秋正義價值史觀之彰顯：

馬英九就職總統已三年多，各界褒貶聲音很多，平實而論，國家不可能兩年就全部「翻紅盤」，且褒貶之聲大多在「枝枝節節」上打轉，未切中「要害」。

國家領導人之大任，在如何把持國家的「大政方針」，向正確之方向前進；而不在某立委說錯話，某縣市長不聽話，吾人以為，中國古來的政權領導人（含分裂時代各地方政權領導人，不論稱王稱帝或叫「總統」。）其魄力、智慧和歷史地位的唯一評量標準，便是對「春秋正義價值史觀」的堅持與不斷的力行實踐。所以，「馬路」還長得很，特藉本書出版之良機再贅數言，以啟黎民百姓心智，並解眾惑。

從這三年檢驗，馬英九的魄力和智慧展現在辦扁家族貪污案，及「大三通」的實現。很多人罵馬英九無能懦弱等（這是台獨操弄出來的），若真如此，扁案就辦不下去，三通亦無望，同文同種的炎黃子民仍在對立。

有人又會天真的說，司法獨立辦案，又不是馬英九辦案，這是「政治白痴」的天真想法。像扁家這種動搖國本及社會根本的大案，絕對要國家領導人的「意志支持」，才辦的下去，此非「下指導棋」，而是對司法獨立的支持，以確保廉能價值（即春秋正義價值的一部份）。眼前亦有「鐵證如山」可以詮釋之，即陳水扁在位時，整個扁家族及滿朝貪官，司法單位為何都辦不下去？必待馬英九就職後，才開始辦「前朝」官員，才把竊國竊位的大貪污者陳水扁「押」起來！這表示所謂「司法獨立」是有限制的，也有時空關係的，更須要國家領導人堅定的「意志支持」。

但馬英九最終極的歷史定位（或地位），並不能止於辦陳水扁，而在他的「終統論」之實現。若他只用嘴巴說說，沒有在「操作面」逐一實踐，小馬哥終究僅是「地方割據者」，在中國歷史上的定位可能很負面，頂多是清廉者，而對國家統一沒有貢獻。因為，春秋大義價值史觀不是光用嘴巴說的，說而不做是「政治語言」，言行合一才合春秋之義。

所幸，小馬哥已經親自啟動終統的「機制」，此便是大三通，這個機制一但啟動，便是加速其不可逆的統一進程，最後導至中國統一，他所說「在職期間不與中共談統一」，再清楚不過是「政治語言」，他至今確實沒談過統一，但有關統一的各個變項，已一一被解決「攻破」，使統一更為有利，這是小馬哥的智慧和魄力。

春秋正義的四種內涵（如上），中國歷史之能維持正統、道統，「永續經營」，那四種內涵有著「下指導棋」的無尚無形無敵的力量，吾人常聽到「仁者無敵」，便是此意。

今之統派陣營，不論是誰？若失去此四種價值，便與魔鬼無異，成了魔鬼的夥伴！有誰聽過台獨陣營大談禮義廉恥？？有誰聽過台獨陣營談仁政廉政？？有誰聽過台獨陣營大談論語中的仁義道德忠孝節義精神？？沒有，絕無。

獨派的蔡英文要出馬競逐大位，她談過這些價值嗎？她只是魔鬼的同路人，只是陳水扁貪污政權的「死灰」，扁家A錢她不知道嗎？她是幫貪污者「把風」的人，她上台是台灣災難的開始。一個幫貪污者「把風」的女人，能當國家領導人嗎？

若然，只能說天亡台灣吧！那時台灣社會沒了禮義廉恥，沒了仁義道德，沒了中華文化，與原始社會何異？

或許原始社會也好些，因為原始人不會搞「三一九作弊」這種篡竊偷盜的敗德壞行！

第七章　厚顏無恥的人怎能領導台灣

蔡英文和蘇貞昌昨天的會面很經典，這本是一個策畫安排好請記者來採訪的「假新聞事件」，但蘇貞昌顯然拒絕充當人形看板，他的率性演出讓假中有了真，也讓蔡英文的假無所遁形。

蔡英文在扁朝當官其間，給人的印象是冷靜沈穩反應靈敏，有點口才（都是硬ㄠ）。

慶祝建國百年暨雙十國慶 (計劃草案)

專題講座系列(一) 我國經濟政策的回顧與展望

一、宗旨：爲慶祝建國百年(暨雙十國慶)特舉辦專題講座系列。以回顧與展望我國各項重大政策，以策勵國人同舟共濟，而共同奮力建設國家。

二、活動名稱：慶祝建國百年暨雙十國慶專題講座系列(一) 我國經濟政策的回顧與展望。

三、指導單位：中國國民黨青年部

四、主辦單位：台大逸仙學會

五、協辦單位：(請青年部協定)

六、舉辦日期：中華民國九十九年十月八日(星期五)下午6點至9點30分。

七、舉辦地點：國立台灣大學第一活動中心禮堂(或台大校友會禮堂，或……)

八、經費預算：

(一)、場地費：15000元

(二)、點心費：80元*200=16000元

(三)、演講費：5000元*1=5000元

(四)、紀念品：30元*200=6000元

(五)、佈置文宣等：8000元

合計：新台幣共50000元(擬請青年部補助20000元)

九、活動程序：

18：00→18：30	報到，領用餐點等
18：30	活動大會開始
18：30→18：40	主席致詞及介紹來賓
18：40→19：00	夏主任 大明 致詞
19：00→19：30	郝 市長 龍斌 致詞
19：30→19：50	其他來賓致詞
19：50→20：00	中場休息
20：00→21：00	(施經濟部長) 專題講座
21：00→21：30	(問題)交流討論
21：30	主席結語；散會；贈送紀念品

十、參加資格：

凡國內大專院校教職員生皆可報名參加。

十一、報名日期：

即日起至民國99年9月17日止。

十二、報名手續：

填妥報名表且傳真至 (02)23695359 或E-mail至 yd589@yahoo.com.tw

慶祝建國百年暨雙十國慶專題講座 活動企劃書

—ECFA 與我國經濟政策的展望

一、宗旨：爲慶祝建國百年(暨雙十國慶)特舉辦系列專題講座，以回顧與展望我國在後 ECFA 之各項重大政策，以策勵國人面對新局，共同奮力建設國家，邁向光輝年代。

二、活動名稱：慶祝建國百年暨雙十國慶專題講座系列一 ECFA 與我國經濟政策的展望。

三、指導單位：中國國民黨青年部

四、主辦單位：台大逸仙學會

五、協辦單位：台灣青年菁英協會
中興菁英發展協會

六、舉辦日期：中華民國九十九年十月七日(星期四)
下午 7 點至 9 點 30 分。

七、舉辦地點：國立台灣大學第一學生活動中心禮堂

八、活動程序：

18：00→18：50	報到及領用餐點
19：00→19：10	主席致詞及介紹來賓
19：10→19：30	金秘書長 溥聰 致詞
19：30→19：50	郝 市長 龍斌 致詞
20：30→20：30	施顏祥 部長專題講座(ECFA 與我國經濟政策的展)
20：30→21：00	意見交流討論(施部長+與談教授+與會者)
21：15	主席結語；散會

九、參加資格：
歡迎台北市大專院校教職員生皆可報名參加。

十、報名日期：
即日起至民國 99 年 9 月 30 日止。

十一、報名手續：填妥報名表且傳真至 (02) 23695359 或
E-mail 至 yd589@yahoo.com.tw

十二、預計人數：三百人左右

十三、擬借用物品：活動看板 4 座，指標看板 2 座；遙控麥克風 5 支，固定麥克風 2 座；報到桌 3 張，會客沙發桌倚一組。

*「與談教授」：擬邀請朱雲鵬教授主持，林建甫(已惠允)、劉碧珠(連繫中)和杜震華 (已惠允)等教授與談。

*聯絡人：陳國華教授 02-33669516 或 0928141281

慶祝建國百年暨雙十國慶

專題講座系列(一)籌備會議議程

開會日期：中華民國九十九年九月十日(星期五)上午12點10分至下午1點40分。
開會地點：中國國民黨中央委員會五樓會議室。
開會主旨：研議臺北市教職員生「慶祝建國百年暨雙十國慶專題講座系列(一)」相關事宜。
上級指導：國民黨中委會青年部夏大明 主任、吳朝昱 副主任。
主持人：台大逸仙學會 陳國華
出　席：台灣青年菁英協會代表、中興菁英發展協會代表、各大專院校代表、「國政研討會」聯誼會代表、台大逸仙學會幹部人員。
主席報告：
討論議題：
一、「專題講座系列(一)」活動計劃案
說明：
(一)　國父 孫中山先生創建中華民國已近百年，是值得驕傲與慶祝的。應舉國上下、中央與地方共同歡慶，尤其是身爲知識份子的大專教職員生應扮領頭角色。
(二)　大專教職員生舉辦「專題講座系列」活動更具有深層的義意。特舉辦本項活動，計劃案如附件(一)。
決議：

二、「專題講座系列(一)」活動工作職掌分配

職稱	姓名	工作要項
主　席：	陳國華	掌理活動之計劃與推行
會場管理：	茅增榮	掌理會場事務之進行
司儀：	陳梅香	主司活動程序之進行
記錄：	高閩生	負責活動內容之文字記錄及錄音
總務：	葉文輝	訂購西點餐盒、礦泉水、活動名稱之紅布條等
學術：	羅漢強	專題講座之規劃
新聞：	吳副主任朝昱	對媒體發佈活動訊息及新聞稿
文宣：	陳梅燕	製作及佈置宣傳海報、製作及佈置大會會場指引、會場歡迎海報、大會程序表等

攝影：簡惠爵　負責全場攝影工作

活動通知：林宜隆、蘇豊凱　向各單位寄發活動通知，並表列
陳國華、各單位代表　加人員後回寄給陳國華

會場佈置：葉文輝、高閬生、陳梅燕　佈置大會活動現場
鄭大平、查公正

報到服務：鄭大平、高閬生　辦理簽到、發放資料及用品
林慶全、崔海雲
蔡素碧、葉文輝
查公正、簡惠珍

接待：羅漢強、梁乃匡、曹培熙　現場接待來賓
宣家驊、馬小康、林宜隆
陳瑞芬、陳梅燕、陳梅香
蘇豊凱、陳育謹

專題講座：

主講者：施顏祥 部長

講題：ECFA 與我國經濟政策的展望

主持人：劉碧珍教授

與談者：劉碧珍教授(兼)，林建甫教授和杜震華教授。

決議：

三、經費預算

(一) 場地費：　14000
(二)餐點費：　60x300=18000
(三)礦泉水：　10x300=3000
(四)演講費：　5000
(五)郵資、文宣：　8000
佈置等
(六)預備金：　2000
合計：　50000 元

決議：

臨時動議：〈一〉10 月 1 日〈星期五〉上午 12 點 10 分至下午 1 點 40 分。
召開工作會報〈總檢查 〉，地點：

決議：

散會 ·

慶祝建國百年暨雙十國慶專題講座 (計劃案)

—ECFA 與我國經濟政策的展望

一、宗　旨：爲慶祝建國百年暨雙十國慶，特舉辦系列專題講座，以回顧與展望我國在後 ECFA 之各項重大政策，以策勵國人面對新局，共同奮力建設國家，邁向光輝年代。

二、活動名稱：慶祝建國百年暨雙十國慶專題講座系列一，ECFA 與我國經濟政策的展望。

三、指導單位：中國國民黨青年部

四、主辦單位：台大逸仙學會

五、協辦單位：台灣青年菁英協會
中興菁英發展協會

六、舉辦日期：中華民國九十九年十月七日(星期四)
下午 6 點 30 分至 9 點 30 分。

七、舉辦地點：國立臺灣大學校總區第一學生活動中心禮堂(羅斯福路校門口進入，直走椰林大道到底，背對總圖書館右前方第一棟建築)

八、活動程序：

18：00→18：50	報到及領用餐點
19：00→19：10	主席致詞及介紹來賓
19：10→19：30	金秘書長 溥聰 致詞
19：30→19：50	郝 市長 龍斌 致詞
19：50→20：00	「專題講座」準備
20：00→20：30	施顏祥 部長專題講座：ECFA 與我國經濟政策的展望
20：30→21：30	意見交流討論(施部長+與談教授+與會者)
21：30	主席結語：散會

九、參加資格：　歡迎台北市大專院校教職員生皆可報名參加。

十、報名日期：　即日起至民國 99 年 9 月 30 日止。

十一、報名手續：　填妥報名表且傳真至 (02) 23695359 或
E-mail 至 yd589@yahoo.com.tw

十二、預計人數：　三百人左右

＊「與談教授」：劉碧珍(台大經濟系教授、中華經濟研究院副院長)兼主持、林建甫(台大經濟系教授、人文社會科學高等研究院副院長)、杜震華(台大國家發展研究所副教授)。

＊ 聯 絡 人：陳國華教授 02-33669516 或 0928141281

這個印象至今除了硬幺的口才外，全部破了功。而她的口才，如今被發現最大的用途不過是打混。永遠的模稜兩可，永遠的實問虛答，在她那帶點靦腆的溫文笑容包裝下，一堆繞來繞去的美麗廢話，什麼都答，就是不「給個說法」。

這個「蔡式廢話神功」，在她昨天與蘇貞昌的過招中，被蘇貞昌一再戳破。任何人都看得出來，蘇貞昌大概也是受夠了。

想一想，如果有這麼一個總統，面對一個自己就可以決定也應該決定的簡單問題（例如要不要特赦阿扁，要請蘇貞昌幫什麼忙？）卻永遠只有一堆廢話神功，任憑你怎麼問都是實問虛答，這個國家將會陷入什麼樣的空轉？

蔡英文的政治歷練或許不如蘇貞昌或馬英九，但以她的學經歷看來至不清也不至於回答不了這些問題，那麼就只有一個可能，她根本就低估了選民的智商，認為自己可以用這套廢話神功來玩弄選民，認為她只要和蘇貞昌在媒體面前握手言歡照個相，就可以

各位大專院校師長/好友：

敬邀

台端蒞臨參加「**慶祝建國百年暨雙十國慶專題講座活動**」，請閱下列活動訊息，並請函覆能否參加本次活動，以作妥善安排。

敬 祝

健康如意！

台大逸仙學會會長　陳國華　敬上
行動電話：0928141281
傳　　真：(02)23695359
E－mail　：yd589@yahoo.com.tw

回　覆（請於 9 月 30 日前回覆）

（　）準時參加
（　）不克參加
簽名：
聯絡電話：
E-mail：
服務單位：　　　　　職稱：

搶走馬英九的五二〇版面兼塑造大和解形象。不過，這樣子消費蘇貞昌，任何還有血性的人大概都會反彈吧？

蔡英文第一次讓我「另眼相看」，是她在陳雲林首次來台暴力事件中的反應，讓我看破她冷靜外表下毫無責任擔當；第二次露出馬腳，是她面對父親的無敵大墓園爭議時，擺出與「小女人我」無干的撇清姿態。想想看，無敵大墓園或許真如綠營支持者所言，是她哥哥建的，但一個和父親很親近的未嫁女兒，身兼可能競逐大位的在野黨主席，竟然無力說服自己的兄弟，父親的超大號墓園不僅不合環保原則，社會觀感也很差，甚至還違了法。如果一個從政者連這點能力和智慧都沒有，你相信她一旦居大位，會有能力在政策上堅持原則，說服他人？當然，如果她根本沒有政策也沒有原則，那另當別論。

蔡英文第三次讓人看破手腳，是他領十八趴又大罵十八趴，被踢爆後躲了幾天才出面認了，竟又說她沒了這筆收入。以後無法做公益了！（長期接受她十八趴捐贈的公益團體，歡迎出面為她拉票！）這樣的表裡不一，這樣的要拿也要罵，要是當了總統，恐怖啊！

當邱毅指控妳蔡十八尚未放棄十八趴時，多數人主要不是質疑妳這個要競逐總統大位的人，會在被踢爆領十八趴罵十八趴後，還白目的繼續領十八趴，而是好奇蔡十八為何遲遲不願公佈妳與台銀的解約單？直到妳心不甘情不願公佈解約單後，才讓人恍然大悟，為何妳遲遲不公佈，公佈時還遮遮掩掩的原因，原來此解約單會讓大家更瞭解你蔡十八不足是一個「領十八趴罵十八趴」說一套做一套，表裡不一的女人，妳還是一個「什麼都吃就是不吃虧；什麼都要就是不要臉」的女人。現在讓我們來看看這張解約單可以告訴我們，蔡十八一直遮掩不想讓大家知道的是哪些事：

一、此解約單顯示「起息日期」是九十八年五月二十一日，「到息日期」是一〇〇年五月二十一日。也就是說十八％優存是兩年簽約一次，所以再以九十八年五月二十一日起息日期往前推，可知蔡十八第一次簽約日期是在九十六年五月二十一日。也就是說，蔡十八卸任副閣揆前，就已收集所有資料做好優存的簽約準備，並於九十六年五月二十一日卸任副閣揆當天，就一天也沒耽擱急奔台銀辦理十八％優存的簽約。

二、查一下歷史新聞資料，可知蔡十八　九十八年五月二十一日與台銀續簽十八％優存的前兩天（十七、十八日）正人模人樣的以民進黨主席之尊發動「嗆馬保台」大遊行並率數萬群眾凱道靜坐二十四小時。九十八年五月二十一日續簽十八％優存當天，蔡十八與民進黨團甚至還公佈「高官自肥撈很大」等十大馬罪狀，提案罷免馬。也就是說蔡十八批評「高官自肥撈很大」的同時，猶念念不忘自己十八％優存續約一事，在抗議百忙之中還不忘抽空親赴台銀辦理十八%續約。請問什麼樣的人格特質可以如此厚顏無恥，在高喊「高官自肥撈很大」的同一天，還有臉走進台銀續簽十八%優存？

三、蔡十八 九十六年五月二十一日卸任副閣揆後，在短短不到四年的時間就領了兩百七十多萬的優存利息。她雖說她都拿去做公益了，可是至今卻拿不出她做公益的任何證明。

以上資料均從網路上整理出來的，蔡英文為什麼會變成厚顏無恥的「蔡十八」，這和台獨的本質是有關的（見第四章），他的前輩也是要吃要拿又要罵，陳水扁、呂秀蓮、謝長廷等自稱台獨健將，但為何到大陸參拜、吃香喝辣，回來還罵，蔡英文就學了這套。

證據顯示，所有去大陸的台灣人中，以陳水扁最像賣台。（後面照片引自：徐宗懋，民進黨人在中國，時英出版，二〇〇四年二月。原書為彩色，翻印後稍有不

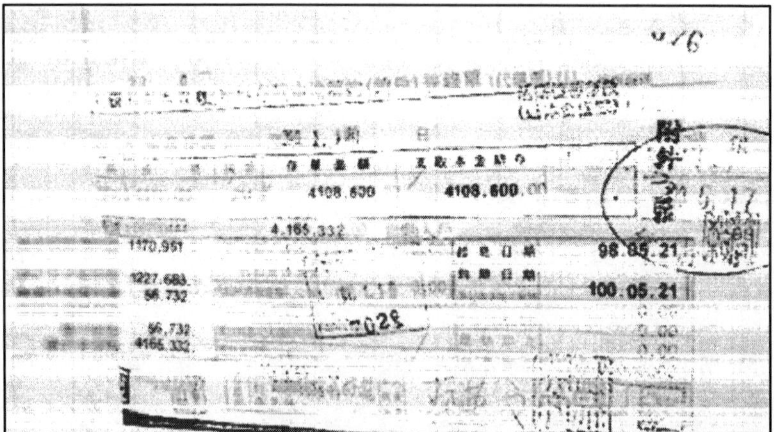

慶祝建國百年暨雙十國慶專題講座

-ECFA 與我國經濟政策的展望

一、宗旨：爲慶祝建國百年(暨雙十國慶)特舉辦系列專題講座，以回顧與展望我國在後 ECFA 之各項重大政策，以策勵國人面對新局，共同奮力建設國家，邁向光輝年代。

二、活動名稱：慶祝建國百年暨雙十國慶專題講座系列〈一〉， ECFA 與我國經濟政策的展望。

三、指導單位：中國國民黨青年部

四、主辦單位：台大逸仙學會

五、協辦單位：台灣青年菁英協會
中興菁英發展協會

六、舉辦日期：中華民國九十九年十月七日(星期四)
下午 7 點至 9 點 30 分。

七、舉辦地點：國立臺灣大學校總區第一學生活動中心禮堂(羅斯福路校門口進入，直走椰林大道到底，背對總圖書館右前方第一棟建築)

八、活動程序：

18：00→18：50	報到及領用餐點
19：00→19：10	主席致詞及介紹來賓
19：10→19：30	金秘書長 溥聰 致詞
19：30→19：50	郝 市長 龍斌 致詞
19：50→20：00	「專題講座」準備
20：00→20：30	施顏祥 部長專題講座(ECFA 與我國經濟政策的展望)
20：30→21：30	意見交流討論(施部長+與談教授+與會者)
21：30	主席結語；散會

九、參加資格：
歡迎台北市大專院校教職員生皆可報名參加。

十、報名日期：
即日起至民國 99 年 9 月 30 日止。

十一、報名手續：填妥報名表且傳真至 (02) 23695359 或
E-mail 至 yd589@yahoo.com.tw

十二、預計人數：三百人。

*「與談教授」：劉碧珍(台大經濟系教授、中華經濟研究院副院長)兼主持、
林建甫(台大經濟系教授、人文社會科學高等研究院副院長)、
杜震華(台大國家發展研究所副教授)

*聯絡人：陳國華教授 02-33669516 或 0928141281

清，仍可辨識）陳水扁於一九九一年到大陸，隨行有陳淞山、柯承亨、蘇聰賢和三名記者。此行，阿扁曾在北京軍事博物館前留影，照片上有「中國人民革命軍事博物館」字樣，有「挾中國自重」的味道。另一張照片在中共坦克前留影，更有為中共武力統一中國「背書」的態勢，若中共以武力解放台灣，陳水扁豈不為王師坦克征討之「前導」？

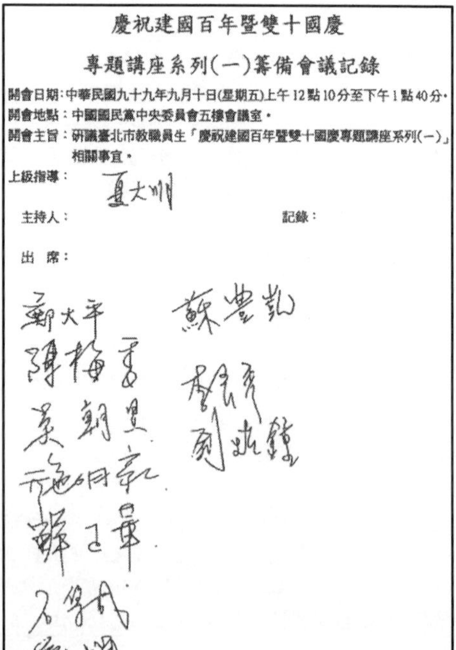
慶祝建國百年暨雙十國慶

專題講座系列(一)籌備會議記錄

開會日期：中華民國九十九年九月十日(星期五)上午12點10分至下午1點40分。

開會地點：中國國民黨中央委員會五樓會議室。

開會主旨：研議臺北市教職員生「慶祝建國百年暨雙十國慶專題講座系列(一)」相關事宜。

上級指導：

主持人：　　記錄：

出　席：

呂秀蓮於一九九○年八月，到福建南靖祖厝龍潭樓尋根謁祖。二○○三年十月八日由呂秀蓮的包兄呂傳勝律師，率領台灣呂氏宗親代表一行人再回龍潭樓參加九日的祭祖典禮，呂傳勝先後有五次率團回福建漳州原鄉。

游錫堃的原鄉在福建漳州市詔安縣秀篆鎮，二○○二年他先派胞弟游錫賢回大陸祭祖。二○○三年游錫堃呈獻祖祠的對聯，刻在石柱上，並署上「第廿世裔孫錫堃敬撰」。如此，不知他後來「中國豬」怎說得出口？實在是人性良心全都滅了，敗家子才講得出

慶祝建國百年暨雙十國慶

專題講座系列(一)籌備會議紀錄

開會日期：中華民國九十九年九月十日(星期五)上午 12 點 10 分至下午 1 點 40 分。

開會地點：中國國民黨中央委員會五樓會議室。

開會主旨：研議臺北市教職員生「慶祝建國百年暨雙十國慶專題講座系列(一)」相關事宜。

上級指導：國民黨中委會青年部夏大明 主任、吳朝昱 副主任。

主持人：台大逸仙學會 陳國華

出　席：鄭大平、陳梅香、吳朝昱、施明豪、李秀彥、蘇豐凱、劉燈鐘、鮮正華、石集成、葉文輝

上級指導致詞：

獲悉台大逸仙學會要辦此項慶祝活動，本人主動建議擴大參與層面及影響範圍，不只限於台大逸仙學會，宜以台大逸仙爲主而擴大邀請，提高參與和熱度，如此較容易邀請到重要人士參與大會活動，發揮較好的效果。

台大學風領導著學界，眾多人士成爲社會、國家重要的棟樑。而台大逸仙學會過去在學校也發揮很大的作用。目前要在校園裡恢復「知青黨部」有困難，但是可從成立各校教授聯誼會著手，進而聯合各校成立各區大專院校教授聯誼會，以便聯誼、內聚，發揮更大的服務效能。

本次活動邀請了四個協辦單位，各單位內人才濟濟，對本黨一向大力支持，尤其「工商建言會」內許多學界朋友對本黨助益良多。相信各協辦單位會幫助辦好本次活動。

本項活動，黨部把它列爲重要工作來促成。

逸仙學會籌劃本次活動極其用心、辛苦。感謝各協辦單位來共襄盛舉。

籌辦細節待後逐次討論。謝謝大家的辛勞及用心。

主席致詞：

一、感謝各位撥冗參加本籌備會議。

二、本次會議主要研議「慶祝建國百年暨雙十國慶專題講座」籌備事宜。

三、敝學會籌辦本項活動的緣由，是受夏大明主任蒞臨台大逸仙學會會員大會中致詞的啓發、鼓勵，而決定擴大慶祝雙十國慶，並與慶祝建國百年及時政的重要議題結合，籌劃本項活動。借此活動，亦期盼喚起大專院校教職員生對社會、國家的公共事務、政治議題的關注與熱心。

四、敝會無法獨自辦好事項活動，懇請並仰賴各位先進及各協辦單位的協助，把本次活動辦好，作爲好的起頭，而以後的系列活動，可由某協辦單位接續主辦，而台大逸仙和其他單位一起協辦，以達功成圓滿。

五、以下逐次討論題案，請惠賜卓見！

討論議題：

一、「專題講座系列(一)」活動計劃案

說明：

(一) 國父 孫中山先生創建中華民國已近百年，是值得驕傲與慶祝的。應舉國上下、中央與地方共同歡慶，尤其是身爲知識份子的大專教職員生應扮領頭角色。

(二) 大專教職員生舉辦「專題講座系列」活動更具有深層的義意。特舉辦本項活動，計劃案如附件(一)。

決議：修正通過。修正要點如下：

(一) 計劃活動名稱；上款加上「臺北市大專院校教職員生」。

(二) 協辦單位加入兩單位：中華民國工商建設研究會及中華聯合青年議事協會。

(三) 各協辦單位負責邀請參加人數：「研究會」40名、「中興菁英」50名「聯合青年」60名、「台大逸仙」80名

(四) 活動程序：1、在典禮開始前安排觀賞有關建國史及國父事略的紀錄片。
2、典禮以正規程序進行。要唱國歌、敬禮等。
3、以「來賓致詞」呈現，不明列郝市長等的致詞，以求彈性。
4、來賓致詞者致詞宜包含與建國或國父相關事略。
5、「與談教授」時段，與談者增加學生蘇豈凱一名
6、請施部長演講內容兼述 ECFA 對大專教育與大專學生的影響。

(五) 報名日期：請協辦單位提早至九月二十七日截止，以便彙報至台大逸仙學會。

(六)註明餐點發放完畢爲止。

二、「專題講座系列(一)」活動工作職掌分配

職稱	姓名	工作要項
主 席：	陳國華	掌理活動之計劃與推行
會場管理：	茅增榮	掌理會場事務之進行
副會場管理：	鄭大平	協助會場管理
司 儀：	陳梅香	主司活動程序之進行
記 錄：	張榮法	負責活動內容之文字記錄及錄音
總 務：	葉文輝	訂購西點餐盒、礦泉水、活動名稱之紅布條
學 術：	羅漢強	專題講座之規劃
新 聞：	吳朝昱	對媒體發佈活動訊息及新聞稿
文 宣：	陳梅燕	製作及佈置大會會場指引、會場歡迎海報、大會程

序表等

攝　　影：　簡惠爵　　負責全場攝影工作

錄　　影：　許乃木　　負責全場錄影工作

活動通知：劉燈鐘、蘇豐凱　　向各單位寄發活動通知，並表列
　　陳國華、各單位代表　　參加人員後，回覆給台大逸仙學會。

會場佈置：　葉文輝、陳國華　　佈置大會活動現場
　　鄭大平、查公正
　　陳梅燕、詹魏良

報到服務：　鄭大平、詹魏良　　辦理簽到、發放資料及用品
　　林慶全、崔海雲
　　蔡素碧、葉文輝
　　查公正、簡惠珍

接　　待：　羅漢強、梁乃匡、曹培熙、王立本
　　宣家驊、馬小康、劉燈鐘、張榮法　　現場接待來賓
　　陳瑞芬、陳梅燕、陳梅香、盧惠卿
　　黃正雄、許德源、蘇豐凱、陳育議

應變小組：　鄭大平、　　處理活動期間突發事件

專題講座：

主講者：施顏祥 部長

講　題：ECFA與我國經濟政策的展望(兼述ECFA對大專教育與大專學生的影響)

與談主持人：劉碧珍教授

與談者：劉碧珍教授(兼)，林建甫教授、杜震華教授、蘇豐凱碩士生。

決議：修正通過。修正要點如下：

一、增加應變小組，委請鄭大平先生主持，請助手協助。

二、增加路標指引。

三、經費預算

(一) 場地費：　14000

(二)餐點費：　60x300=18000

(三)礦泉水：　10x300=3000

(四)演講費：　5000

(五)郵資、文宣：　8000
　佈置等

(六)預備金：　2000

合計：　50000元

口的話。唯政治利益是圖，其他全無的「政治動物」吧！

其他的謝長廷、姚嘉文和最無恥的台大教授李鴻禧等人，更是早已到祖國朝拜，接受祖國的人馬招待吃香喝辣，參訪祖國的名勝文物。然後回台再罵別人去大陸賣台，大賣「虛擬實境的台灣國」，許多人還信以為真呢！真是一群無恥到極點的政客。

台灣人民所有信仰的神都是春秋典型，個個是「生為中國人、死為中國神」，為中華文化的思想核心，也是所有炎黃子孫的信仰中心。筆者寫本文時，正是二〇一一年的「中華民族掃墓節」過不久，那些台獨份子去掃墓了嗎？抬頭看看墓碑或祖先牌位吧！小心！這可是「中華民族」的掃墓節耶！

正當「清明時節雨紛紛」時（幾年前），呂秀蓮參加台北的一場佛誕慶典（四月八日），在場的還有吳伯雄等人。呂秀蓮致詞時說：「不造口業、不做壞事、說良心話、

決議：修正通過。修正要點如下：

(一)餐點費：80 元 x300=24000

(二)演講費 2000 元，與談者每名 1000 元

(三)合計： 57000 元

臨時動議：提案一：10 月 1 日（星期五）上午 12 點 10 分至下午 1 點 40 分。召開工作會報（總檢查）。

決議：通過。地點在中國國民黨總部 5 樓會議室

提案二：活動內容增加呈現「建國」與國父事蹟案

決議：(一)懇請青年部商借紀錄片之 CD 及提供贈閱文宣資料。

(二)懇請青年部知會來賓致詞包含「慶祝活動」相關內容。

(三)懇請青年部知會施部長兼述 ECFA 對大專教育與大專學生的影響。

提案三：青年部可否設法贊助活動經費案

決議：青年部事先已預計贊助兩萬元。

提案四： 聯繫安排提問人員案

決議：委請蘇鼎凱理事長 請託合適同學提問。

提案五： 加強宣傳廣告案

決議：委請蘇鼎凱理事長在台大 BBS 網站登載廣告。

主席結論

一、 感謝各位提出許多寶貴的修正意見。

二、 各相關單位及工作人員，請依修正後的決議從速辦理。

三、 本次會議時程，超過有四十，甚歉，謝謝大家辛苦。

四、 本次活動之「總檢查」工作會報決定在 10 月 1 日，在本會議室舉行，懇請 各位屆時準時出席。

散會

臺北市大專院校教職員生

慶祝建國百年暨雙十國慶專題講座

—ECFA 與我國經濟政策的展望

一、宗　　旨：爲慶祝建國百年(暨雙十國慶)特舉辦系列專題講座，以回顧與展望我國在後 ECFA 之各項重大政策，以策勵國人面對新局，共同奮力建設國家，邁向光輝年代。

二、活動名稱：慶祝建國百年暨雙十國慶專題講座系列〈一〉， ECFA 與我國經濟政策的展望。

三、指導單位：中國國民黨青年部

四、主辦單位：台大逸仙學會

五、協辦單位：台灣青年菁英協會　中華聯合青年議事協會
中華中興菁英發展協會　中華民國工商建設研究會

六、舉辦日期：中華民國九十九年十月七日(星期四)下午 6 點至 9 點 30 分。

七、舉辦地點：國立臺灣大學校總區(第一)學生活動中心禮堂(羅斯福路校門口進入，直走椰林大道到底，背對總圖書館右前方第一棟建築)

八、活動程序：

18：00→18：40	報到及領取資料、領用西點餐飲
18：50	大會活動開始
18：50→19：00	觀賞紀錄片
19：00→19：05	典禮開始，唱國歌、向國旗及國父遺像行三鞠躬禮
19：05→19：10	主席致詞及介紹來賓
19：10→19：50	來賓致詞
19：50→20：00	「專題講座」準備
20：00→20：30	施顏祥 部長專題講座(ECFA 與我國經濟政策的展望)
20：30→21：30	意見交流討論(施部長+與談教授、學生+與會者)
21：30	主席結語；散會

九、參加資格： 歡迎台北市大專院校教職員生(包含校友)皆可報名參加 (敬請報名，以便於統計、準備發放資料、餐點及後續服務等) 。

十、報名日期： 即日起至民國 99 年 9 月 27 日止。

十一、報名手續：塡妥報名表且傳真至 (02)23695359 或 E-mail 至 yd589@yahoo.com.tw

十二、預計人數：三百人(300 份餐點發完爲止)。

＊「與談教授、學生」：劉碧珍(台大經濟系教授、中華經濟研究院副院長)兼主持、
林建甫(台大經濟系教授、人文社會科學高等研究院副院長)
杜震華(台大國家發展研究所副教授、中華民國外貿協會董事　)
蘇豐凱(台大國家發展研究所碩士生、中華聯合青年議事協會理事長)

＊聯絡人：陳國華 02-33669516 或 0928141281

做良心事、賺良心錢。」妳若搞台獨，或只用嘴說說台獨，就成了「造口業、做壞事、昧心說話、昧心做事、撈黑心錢。」這未來下場如何妳很清楚，「個人作業個人擔」，妳更清楚。說到這裡，呂秀蓮竟然在釋迦牟尼佛二五五一年浴沸大典上講了如此「真誠」的話，更應以百分百真誠的心，把二〇〇四年大選時「三一九槍擊」作弊的真相對國人交待清楚，何人設計？如何作弊？過程如何？邱義仁是不是本案導演？敢在佛祖之前昧著良心乎？

本文之目的，只想對照一下春秋正義典型和亂臣賊子嘴臉。為甚麼「孔子成春秋而亂臣賊子懼」？蓋因亂臣賊子篡國竊位，貪污腐敗，只謀私利，不顧國家統一和人民死活，歷史上的分離主義政權都是，今之台獨政權亦是。碰到了春秋筆、春秋正義當然是怕怕，皮皮剉啦！所以綠營人馬聽到「三一九是作弊，篡國竊位」，簡直是瘋了！小偷竊盜之流，簡直八輩子不要做人了！

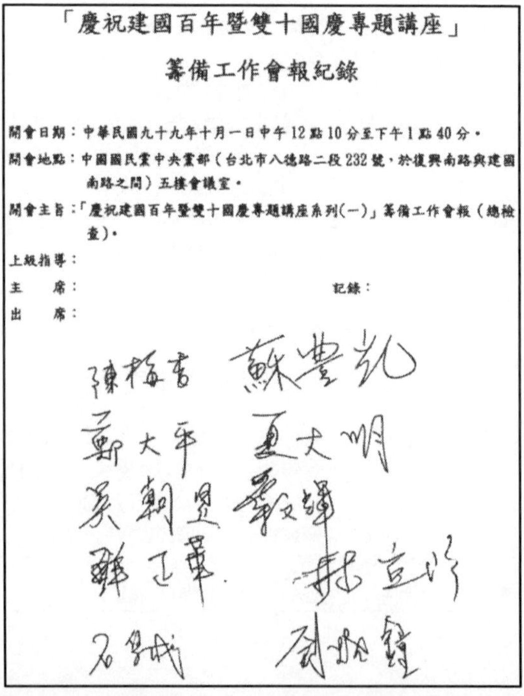

「慶祝建國百年暨雙十國慶專題講座」

籌備工作會報紀錄

開會日期：中華民國九十九年十月一日中午12點10分至下午1點40分。

開會地點：中國國民黨中央黨部（台北市八德路二段232號，於復興南路與建國南路之間）五樓會議室。

開會主旨：「慶祝建國百年暨雙十國慶專題講座系列(一)」籌備工作會報（總檢查）。

上級指導：

主　　席：　　　　記錄：

出　　席：

臺北市大專院校教職員生

慶祝建國百年暨雙十國慶專題講座

-ECFA與我國經濟政策的展望

活動宗旨

爲慶祝建國百年暨雙十國慶，特舉辦系列專題講座，以回顧與展望我國在後 ECFA 之各項重大政策，以策勵國人面對新局，共同奮力建設國家，邁向光輝年代。

活動意義

國父 孫中山先生創建中華民國已近百年，是值得驕傲與慶祝的。應舉國上下、中央與地方共同歡慶，尤其是身爲知識份子的大專教職員生應扮領頭角色。大專教職員生舉辦「專題講座系列」活動更具有深層的義意。特舉辦本項活動，

活動程序

18：00→18：40	報到及領取資料、領用西點餐飲
18：40→18：50	播放國父紀念歌及影帶
18：50	大會活動開始
18：50→19：00	聆聽 國父孫中山先生演講紀錄影帶
19：00→19：05	典禮開始，唱國歌、向國旗及國父遺像行三鞠躬禮
19：05→19：10	主席致詞及介紹來賓
19：10→19：50	來賓致詞 (郝龍斌市長等)
19：50→20：00	「專題講座」預備時間
20：00→20：30	施顏祥 部長專題講座：ECFA 與我國經濟政策的展望
20：30→21：30	意見交流討論(施部長+與談教授、學生+與會者)
21：30	主席結語；散會

「專題講座」

主講者：施顏祥 經濟部長

與談者：劉碧珍(台大經濟系教授、中華經濟研究院副院長)兼主持、

林建甫(台大經濟系教授、人文社會科學高等研究院副院長) 、

杜震華(台大國家發展研究所副教授、中華民國外貿協會董事)、

蘇豊凱(台大國家發展研究所碩士生、中華聯合青年議事協會理事長)

大會工作人員名單

職稱 姓名

主　　席：陳國華
會場管理：茅增榮
副會場管理：鄭大平
司　　儀：陳梅香
記　　錄：張榮法
總　　務：葉文輝
學　　術：羅漢強
新　　聞：吳朝昱
文　　宣：陳梅燕
攝　　影：簡惠爵
錄　　影：許乃木
播放 power point：陳佳嫻
接　　待：曹培熙、羅漢強、梁乃匡、宣家驊
馬小康、劉燈鐘、陳瑞芬、陳梅燕
陳梅香、盧惠卿、 黃正雄、許德源
蘇豊凱、陳育謹、 張榮法、王立本
應變小組：吳朝昱、鄭大平

職稱 姓名

活動通知：劉燈鐘、蘇豊凱
陳國華、各單位代表
會場佈置：葉文輝、陳國華
鄭大平、查公正
陳梅燕、詹魏良
報到服務：鄭大平、詹魏良
林慶全、崔海雲
蔡素碧、葉文輝
查公正、簡惠珍

姓　名	簽　　名
許秀琴	許秀琴
廖淑惠	廖淑惠
王　緣	
楊秀華	楊秀華
盧秀梅	盧秀梅
許金輝	許金輝
羅雪娥	羅雪娥
張有珍	張有珍
何閩中	何閩中
張瑩金	

臺北市大專院校教職員生　　（執行辦法）

慶祝建國百年暨雙十國慶專題講座

—ECFA與我國經濟政策的展望

一、宗　　旨：爲慶祝建國百年(暨雙十國慶)特舉辦系列專題講座，以回顧與展望我國在後ECFA之各項重大政策，以策勵國人面對新局，共同奮力建設國家，邁向光輝年代。

二、活動名稱：慶祝建國百年暨雙十國慶專題講座系列〈一〉，ECFA與我國經濟政策的展望

三、指導單位：中國國民黨青年部

四、主辦單位：台大逸仙學會

五、協辦單位：大學院校教授國政研討聯誼會、中華民國工商建設研究會、台灣青年菁英協會、中華聯合青年議事協會、中華中興菁英發展協會、

六、舉辦日期：中華民國九十九年十月七日(星期四)下午6點至9點30分

七、舉辦地點：國立臺灣大學校總區(第一)學生活動中心禮堂(羅斯福路校門口進入，直走椰林大道到底，背對總圖書館右前方第一棟建築)

八、活動程序：

18：00→18：40	報到及領取資料、領用西點餐飲
18：40→18：50	播放國父紀念歌及影帶
18：50	大會活動開始
18：50→19：00	聆聽 國父孫中山先生演講紀錄影帶
19：00→19：05	典禮開始，唱國歌、向國旗及國父遺像行三鞠躬禮
19：05→19：10	主席致詞及介紹來賓
19：10→19：50	來賓致詞（郝龍斌市長等）
19：50→20：00	「專題講座」預備時間
20：00→20：30	施顏祥 部長專題講座：ECFA與我國經濟政策的展望
20：30→21：30	意見交流討論(施部長+與談教授、學生+與會者)
21：30	主席結語；散會

九、參加資格：歡迎台北市大專院校教職員生(包含校友)皆可報名參加（敬請報名，以便於統計、準備發放資料、餐點及後續服務等）

十、報名日期：即日起至民國99年9月27日止

十一、報名手續：填妥報名表且傳真至(02)23695359或E-mail至yd589@yahoo.com.tw

十二、預計人數：三百人(300份餐點發完爲止)。

＊「與談教授、學生」：劉碧珍(台大經濟系教授、中華經濟研究院副院長)兼主持、
林建甫(台大經濟系教授、人文社會科學高等研究院副院長)
杜震華(台大國家發展研究所副教授、中華民國外貿協會董事　)
蘇豊凱(台大國家發展研究所碩士生、中華聯合青年議事協會理事長)

＊聯絡人：陳國華 02-33669516 或 0928141281

台大逸仙學會組織章程

本章程於 90.04.21 第一次會員大會通過制訂
第一次修訂 91.04.26　　第二次修訂 99.03.26

第一章　總　則

第一條：（名稱）
本會定名爲「台大逸仙學會」
第二條：（宗旨）
本會以關心社會福祉、促進學術交流、增進會員情感與照顧會員福利爲目的。
第三條：（會址）
本會設於台北市八德路二段 232 號 2 樓青年部。
第四條：（任務）
一、 推展學術性活動。
二、 關懷校園議題。
三、 就重大社會議題提供建言。
四、 舉辦聯誼活動。
五、 其他。

第二章　會　員

第五條：（會員資格）
凡中國國民黨黨員或認同國父孫中山(逸仙)先生，曾服務或就學於台灣大學，經申請及本會審查通過，得爲本會會員。
第六條：（會員權利）
一、 出席會員大會。
二、 會內各項選舉或被選舉權。
三、 參與本會舉辦之各種活動。
四、 其他會員應享之權力。
第七條：（會員義務）
一、 遵守本會規章。
二、 擔任本會選派之職務或臨時性任務
三、 其他應盡之義務。
第八條：（會員資格之喪失）
一、 喪失黨籍經本會確定者。
二、 有損本會形象者。
三、 書面聲明退會者。

第三章　組　織

第九條：（組織）
本會設會員大會及委員會
第十條：（會員大會）
一、 每年召開會員大會一次。
二、 經十分之一會員要求或委員會決議得召開臨時會員大會。
第十一條：（會員大會之職權）
一、 選舉會長、委員及監察人。
二、 修改本會章程。修改章程時應有全體有效會員過半數以上出席，出席會員三分之二以上之同意。
三、 其他重要事項之決定。
第十二條：（委員設置）
一、 由會員大會選舉會長一人、委員十六人，共同組成委員會，並由會長擔任召集人。須具有中國國民黨黨員資格者，始得被提名爲會長候選人。
二、 本會並置監察人三人。
三、 本會設執行長一人，由會長提名經委員會同意後聘任之，協助會長綜理會務。
四、 會長、委員及監察人任期兩年，其任期一致，同時改選，得連選連任
第十三條：（工作小組）
本會視工作需要設置若干工作小組

第四章　經　費

第十四條：（經費來源與支用）
一、 會務基金及孳息。
二、 捐贈及補助款。

第五章　附　則

第十五條：（本章程之施行）
本章程經會員大會通過後施行，修正時亦同。

這張照片不清楚，是1991
年陳水扁訪問大陸時，
在中共坦克前
留影。

1991．陳水扁在北京軍事博物館前

1990年8月，呂秀蓮在南靖祖厝龍潭樓內的古井取一口原鄉水品嘗，笑容燦爛
〈鄭嵐攝〉

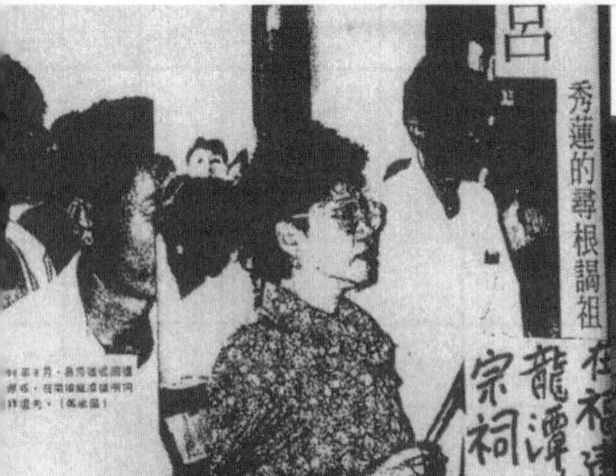
呂
秀蓮的尋根謁祖
龍潭樓
宗祠

1990年8月，呂秀蓮走在祖厝邊溪上的石塊上，神情愉悅.
〈鄭嵐攝〉

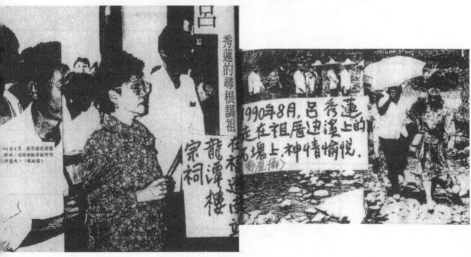

2003年，游錫堃呈獻東昇樓祖對聯，刻在柱上，並署上「第裔孫錫堃敬撰」。

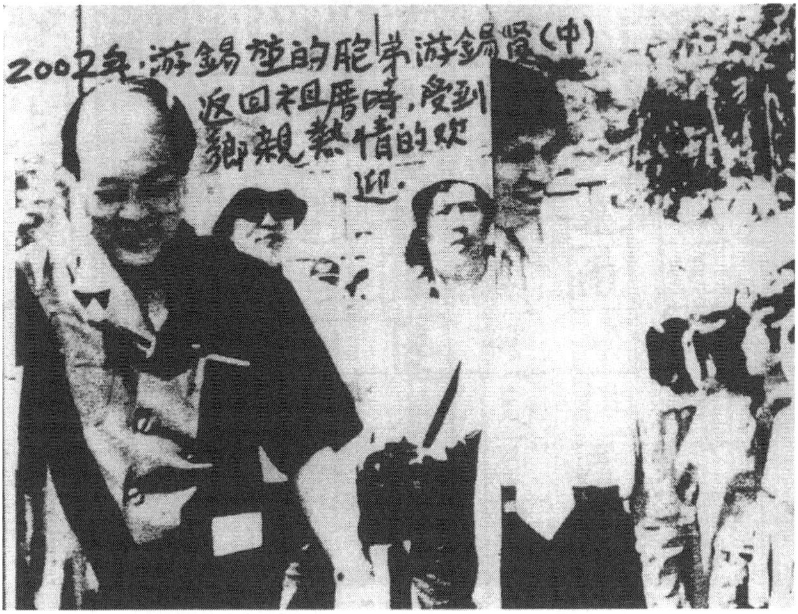

1990年，李鴻禧及太太等在八達嶺長城．這位無恥的知識份子，一天到晚醜化中国，来中国幹啥！良知都給狗吃了．

1993．謝長廷（中），姚嘉文（左二）抵北京机場，在貴賓室接受欢迎．（郭平坦攝）

第八章　中國統一的時機快到了

中山先生和先總統蔣公為中國之復興和統一，率領軍民同胞經過長達一百年的努力，雖未在他們有生之年目睹。但到了廿一世紀第一個十年，我們已然看到中國統一的時機快到了，尤以〇八年北京奧運辦完，戰略態勢已很明顯。

本文開宗，就提出「中國統一的時機快到了」之觀點，若無足以服眾的理論基礎，豈不淪為空話，就像一個人躲在金字塔中幻想。

台大逸仙學會一百年會員大會

開　會　通　知

開會日期：中華民國一百年 3 月 25 日(星期五)下午 5 點 30 分至 9 點 30 分。

開會地點：國立台灣大學校總區綜合體育館(新館)2 樓 248 室演講廳。

開會主旨：舉行會員大會並選舉會長、委員等暨舉辦專題座談

主持人：陳國華

出席：台大逸仙學會全體會員

列席：本會會友

邀請來賓：廖祕書長了以、林主任奕華等(邀請仍進行中)。

討論議題：

一、推選本會第五屆會長、委員及監察人案

二、審核九十九年度收支明細表案

專題座談：

主題：(研訂中)

主持人：(擬請廖秘書長了以)

(30) 25會員30人、貴賓24人 共54人 (P1)

（會　員）　台大逸仙學會 100 年會員大會報到名冊

簽到領取物品：三項選票各一張、表決單及紀念品、礦泉水、便當各壹份。

姓名	職稱	通訊地址	電話	Email	簽到
丁一倪	教授			initing@ntu.edu.tw	丁一倪
王文清	組員	台大總務處保管組	33663431	wcwang@ntu.edu.tw	[illegible]
文亜南	博士生	台大電機所			
沙依仁	教授				
車化祥	主任				車化祥
車世榮	教官				
吳元俊	主任教官		0963152115		吳元俊
吳普炎	主任教官				吳普炎
吳信義	主任教官				吳信義
林玉輝		台大醫院營養部			林玉輝

（會　員）　台大逸仙學會 100 年會員大會報到名冊 (P2)

簽到領取物品：三項選票各一張、表決單及紀念品、礦泉水、便當各壹份。

姓名	職稱	通訊地址	電話	Email	簽到
李娟娟					
林慶全	技佐	台大醫院工務組			林慶全
宣家驊	總教官	台大軍訓處			
林福佐	教官				
黃滬生	主任	黃滬生			黃滬生
查公正	教官				查公正
馬小康	教授				[illegible]
張進鑫					
溫禮明	隊長	台大警衛隊			溫禮明
夏良玉	組主任				

（會　員）　　台大逸仙學會 100 年會員大會報到名冊　　(P13)

簽到領取物品：三項選票各一張、表決單及紀念品、礦泉水、便當各壹份。

姓名	職稱	通訊地址	電話	Email	簽到
夏良玉	眷屬				
武崇孚	秘書	台大訓導處			
茅增榮	主任				
秦玉珍					秦玉珍
陳國華	教授				陳國華
陳福成	主任教官				陳福成
陳瑞芬	助理教授	台大生技系			
陳梅香					陳梅香
曹培熙	教授				曹培熙
連雙喜	教授	台大材料系			連雙喜

（會　員）　　台大逸仙學會 100 年會員大會報到名冊　　(P14)

簽到領取物品：三項選票各一張、表決單及紀念品、礦泉水、便當各壹份。

姓名	職稱	通訊地址	電話	Email	簽到
孫志陸	教授	台大海洋所			孫志陸
梁乃匡	教授				梁乃匡
葉文輝	組員				葉文輝
馮武雄	教授				
賀國樑					
游若荻	教授				游若荻
陶瑞麟	書記官	法院			陶瑞麟
陶錫珍	副教授				陶錫珍
鍾鼎文					鍾鼎文
陸雲	教授				

（會　員）　台大逸仙學會 100 年會員大會報到名冊　(15)

簽到領取物品：三項選票各一張、表決單及紀念品、礦泉水、便當各壹份。

姓名	職稱	通訊地址	電話	Email	簽到
楊建澤	教授				楊建澤
蕭富美	教授				蕭富美
鄭大平	教官				鄭大平
陳美君					陳美君
方祖達	教授				方祖達
張榮法					張榮法

(共28) 會　友）　台大逸仙學會 100 年會員大會報到名冊　3/5 貴賓 29人 會員 30人 共 ~~58人~~ 59人

簽到領取物品：紀念品、礦泉水、便當各壹份。

姓名	職稱	通訊地址	電話	Email	簽到
秦亞平	主任				秦亞平
劉輝清	主任教官				
鄭義峰					鄭義峰
鄭宗謀	組員	台大醫院			鄭宗謀
賴朝明	教授	台大農化系			賴朝明
蘇豐凱	理事長	中華聯合青年議事協會理事長			蘇豐凱
崔海雲					崔海雲
王明聰	主任		8966-2815		
簡惠珍					簡惠珍
簡惠敏					簡惠敏

（會　友）　　　台大逸仙學會 100 年會員大會報到名冊

簽到領取物品：紀念品、礦泉水、便當各壹份。

姓名	職稱	通 訊 地 址	電 話	Email	簽 到
李長聲	教授				
李長聲	夫人				
官俊榮	教授				
吳光華	秘書				
陳梅燕					陳梅燕
尚榮莉		台大醫院			尚榮莉
林傳繼		台大醫院工務組			林傳繼
邱槐萍		台大醫院			
高閏生	組長				高閏生
郭儒霖					

（會　友）　　　台大逸仙學會 100 年會員大會報到名冊

簽到領取物品：紀念品、礦泉水、便當各壹份。

姓名	職稱	通 訊 地 址	電 話	Emai	簽 到
劉美麗	組員	台藝大學務處（黃清生主任夫人）			劉美麗
王振祥	組員	法學院[illegible]			
闕秀麗					闕秀麗
[illegible]					
李常寧					
[illegible]					
陳慧雯			0913018966		
張富中		台北市青年路22號1F之2	0928483678		張富中
楊晨[illegible]		台北市中山北路2段71號7F	0936099359		~~[illegible]~~ 楊[illegible]

對中外歷史發展有研究的人，都知道國家整合、統一及強權興衰，最關鍵起決定性的因素就是「力」（power）。這個力指的是國家有形力和無形力的總和，其內涵包括國家的國防、軍事、政治、經濟、文化、民心及精神力等，尚可細分成幾十項目，一般通稱「總體國力」。臺灣地緣正位於中國和美日之間，必然受到這些強權的影響。（注：中國在歷史上大多能維持「亞洲盟主」的地位，日本在二戰期前曾是強權，美國仍是今天世界超強）而目前決定臺灣前途，只有兩股決定性力量：美國和中國。

一、強權爭霸與臺灣的命運

為什麼說決定臺灣前途的，只有兩股決

7 貴賓

台大逸仙學會 100 年會員大會報到名冊

簽到領取物品：三項選票各一張、表決單及紀念品、礦泉水、便當各壹份。

姓名	職稱	通訊地址	電話	Email	簽到
夏大明	主任	中國國民黨主席辦公室			夏大明
石集成	編審	中國國民黨青年部			
潘家森	主任委員	中國國民黨台北市委員會			潘家森
蔡博文	總幹事	中國國民黨台北市委員會			
賴士葆	委員	立法院			✓
朱炎	院長	台大文學院			✓
朱炎	夫人				朱炎太太
羅漢強	系主任	台大森林學系		羅漢強	✓
李慶元	議員	台北市議會			李慶元
劉燈鐘	教授	康寧醫護暨管理 科 學技			

定性力量：美國和中國。言下之意，不包括臺灣，許多「不承認自己是中國人的臺灣人」一定氣炸了，「咱臺灣已經出頭天，當然力量卡大天」。我先從歷史來解釋這個問題。

從鄭成功收回臺灣後，臺灣與中國在這三百多年間，有過的離合，固然有很復雜的政治或其他因素，卻依然逃不出「兩股力量的對決」而已。其一是中國興衰，二是侵略者的力量（主要是美、日）。當滿清政局穩定，國力壯大，而相對的鄭氏東寧王國國力式微，臺灣便回歸中國（注意！即被統一，不論當時臺民是否願意！）

滿清收回臺灣亦積極經營臺灣，至一八八五年建臺灣省，此後臺灣成為中國的

大會工作人員

主持人：陳國華
司　儀：陳梅香
記　錄：高閩生
總　務：葉文輝
文　宣：官俊榮、陳梅燕
開會通知：陳國華、簡惠爵
報到服務：鄭大平、高閩生、查公正、葉文輝、張榮法、簡惠爵、簡惠珍、崔海雲
接　待：羅漢強、梁乃匡、曹培熙、馬小康、陶錫珍、陳瑞芬、茅增榮、陶瑞驎、陳梅香、官俊榮、蘇豊凱、林育瑾
會場佈置：葉文輝、鄭大平、陳梅燕、查公正、高閩生

台大逸仙學會第四屆組織成員：

會長：陳國華
委員：林火旺、羅漢強、宣家驊、丁一倪、茅增榮、官俊榮、沙依仁、馬小康、陸蕓、鄭大平、梁乃匡、葉文輝、蘇豐凱、林育瑾、游若萩、
監察人：包宗和、孔慶華

委員會各組之職掌

類別	委員成員	職　掌
行政組	梁乃匡(召集人)、沙依仁、葉文輝、林育瑾	一、文書處理及建檔 二、行政聯絡 三、籌辦各類行政會議 四、本會財務之規劃和募集， 五、財務的列管 六、本會年度經費之編擬 七、本會經費之核銷及編列帳冊 八、開會通知之發佈 九、其他相關工作
學術組	羅漢強(召集人)、林火旺、陸蕓、馬小康、游若萩	一、籌辦各類學術活動 二、企劃本會的發展 三、籌辦校園及社會議題之研討會 四、其他相關工作
活動組	丁一倪(召集人)、官俊榮、茅增榮、	一、籌辦各項聯誼活動 二、其他相關工作
組織聯絡組	宣家驊(召集人)、鄭大平、蘇豐凱	一、招募會員及審核會員資格 二、本會之組織及發展 三、會員之聯繫

一個省份。滿清中葉以後國力又衰弱甲午一戰論證當時日本國力大於中國，臺灣只好又脫離中國，成為侵略者的殖民地（注意！不論臺民是否願意，臺灣都必須割讓日本）。

二戰後中國成為戰勝國，重新論證中國國力大於日本國力（注：當時中國物質戰力極低弱，但精神戰力極高盛，二者之和大過日本很多）。臺灣又重回中國（注意！不論臺民是否願意，臺灣都必須回歸中國）。

從一九四九年至今，中國尚未統一臺灣（或稱臺灣回歸中國），決定性因素只是此期間，美國國力仍大於中國，故美國仍能掌控臺灣，使臺灣成為美國的國防前

台大逸仙學會 100 年會員大會

大會議程

開會日期：中華民國 100 年 3 月 25 日(星期五)下午 5 點 30 分至 9 點 30 分。

開會地點：國立臺灣大學校總區綜合體育館(新館)2 樓 248 室演講廳。

主席：陳國華　　記錄：高闓生

出席：台大逸仙學會全體會員

列席：台大逸仙學會會友

來賓：

大會議程

一、主席致詞(及介紹來賓)：

二、來賓致詞：

三、會務報告：

(一)本(第四)屆會長、委員及監察人任期，將於今年 7 月 31 日屆滿，本會應進行改選，將於「議案討論」之程序後，舉行是項改選。

(二) 去年十月七日，本會舉辦「慶祝建國百年暨雙十國慶專題講座」，是項活動之執行，如附件(一)。舉辦地點在台大第一學生活動中心；報名參加人數 296 人，報到人數 251 人，大會順利完成，活動主題頗受肯定；經費支出，請參閱附件(二)。

(三) 專題講座的舉辦，承蒙中華青年菁英協會、中華聯合青年議事協會、中華中興菁英發展協會、中華民國工商建設研究會和大專院校教授「國政研討」聯合會等單位協辦，特此表是謝意，尤其要感謝國民黨青年部的指導及鼎力協助，並且黨部輔助本次活動新台幣貳萬元，已存人本會專用存摺，也借此再次表示謝忱。

(四)本會 98 年 11 月至 99 年 10 月，經費支出共計新台幣 111923 元，請詳閱附件(二)。

(五) 去年(99 年)4 月 10 日起至 6 月 26 日止，本會與台大教授聯誼會和新台大聯誼會共同合辦第二期「氣功研習班」，如期順利完成。

(六)上次會員大會提案通過，本會應當辦理會員重新申請入會或繼續會籍，經兩次預告訊息及一次郵寄通知全體會員並 Email 會員三次，已經有七十六人申請，通過核准在案。本次大會議程中唯具備重新獲取本會會員資格者，才具有選舉權、被選舉權及表決權。歡迎尚未辦理申請手續者，回到「逸仙」大家庭來，本大會會議資料最後一頁是申請表，請填

線。從以上臺灣三百餘年歷史看，臺灣人從來沒有決定性力量，以決定自己的方向，或決定去留。因為在強權之間，臺灣的力量太微不足道，小到可以「省略」。這是臺灣的宿命，幾可用下面的公式表達：

中國總體國力＞入侵者總體國力，臺灣與中國「合」。

中國總體國力＜入侵者總體國力，臺灣與中國「離」。

再以公式印證中外歷史，雖放諸四海皆準，但從中國近幾百年來與西方帝國主義的鬥爭，所牽動對臺灣、朝鮮、安南等地區造成的變局，亦不脫上述公式之原則。惟「沒有永遠的強權」，決定臺灣前途的兩股力量目前正在轉移，即美帝的衰

(五)各項職位均為無給職

(六)本案通過後，即逕行投標選舉。

決議 ：

五、臨時動議：

20:0 0~20:10：中場休息

六、專題座談 (20:1 0~21:10)

(一)主題：會務、黨務及時政建言

主持人：大會主席

上級指導：林主任奕華

(二)子題：

1、本學會本屆會務之檢討及建言

2、本黨 99 年五都選戰的省思及建言

3、對本黨 2012 年大選(總統及立委選舉)策略之建言

4、針砭大專教育政策

5、如何提昇大專畢業生之就業率

主席結語；

六、宣布選舉結果

七、散會

領取紀念品

妥後擲交報到處。

(七)懇請各位推薦合乎資格之親友，尤其是自己的子女，加入本會，為共同的理念，互相扶持努力。

四、討論提案：

提案一、

案由：審議 99 年經費支出明細表

說明：詳如附件二

決議：

提案二、

案由：推選本會第五屆會長、委員及監察人

說明：

(一)本(第四)屆會長、委員及監察人任期將於民國 100 年 7 月底屆滿。依本會章程規定，應行改選。

(二)本次各項選舉之候選人如選票所列，如要增列，請提議加列記人。

(三)推選委員名額十六名中，保障退休教師、退休職員和學生各二名。圈選人數至多十名，超額圈選，則以廢票論。

(四)應推選出監察人 3 名。每人限圈選 2 人，超過者以廢票計。

社論

一中新解：一個分治而不分裂的第三概念中國

聯合報 100.2.17

馬總統在新春茶會中指出，為符合「九二共識」、「一個中國／各自表述」，今後政府機關用語，一律稱「對岸」或「大陸」，不稱「中國」。

此語可能作兩種解讀。一、「一中各表」中的「一個中國」，是指中華民國，因此不可稱對岸為「中國」；二、「一中各表」中的「一個中國」，是指超越「中華民國」與「中華人民共和國」的「第三概念」的「中國」，中華民國與中華人民共和國皆是這個「第三概念」的「中國」的一部分，因此不可稱對岸為「中國」。

將「一個中國」朝向「第三概念化」，也是北京近年來持續探討的方向。台灣的媒體用語已經習以「中國」指稱對岸，這使北京當局頗生警覺與憂慮；因為，這種用語儼然已成「台灣中國／一邊一國」的洗腦藥水；在兩岸關係上，台灣人民將大陸稱為「中國」，其實反映出一種疏離與區隔的意識。

北京過去稱「中華人民共和國政府是代表中國的唯一政府」，「一個中國就是中華人民共和國」。中華民國因在國際上難與對岸競爭代表「中國」的地位，而北京又以「消滅中華民國」為主軸政策，致「中華民國」在國際上及台灣內部皆被北京「去中國化」；因而使台灣人民對成為「中國」或「中國人」非但絕望，且亦感到恐懼及被羞辱，遂在政治認同上與「中國」及「中國人」漸行漸遠，而台灣的主體意識則愈來愈高。也就是說，北京過去的「一個中國就是中華人民共和國」的政策，正是使中華民國及台灣人民「去中國化」的根本原因；而這也正是北京方面近年持續探究，欲將「一個中國」朝向「第三概念化」的主要原因。

北京方面做過多種嘗試。例如，所謂的「新三句」即稱「世界上只有一個中國，大陸和台灣同屬一個中國」；此處所指的「中國」，即有「屋頂理論」及「第三概念」的內涵及外延。又如，所謂「（兩岸）現狀就是見之於台灣現行規定及文件的現狀」；此處是指中華民國的「一中憲法」。再如，胡錦濤多次提及「儘管尚未統一，仍是一個中國」；這是視現狀為「上個世紀四十年代中後期中國內戰遺留並延續的政治對立」，亦即視現狀為「分治而不分裂的中國」。可以這麼說：在二〇〇八後的兩岸新機遇中，北京的兩岸政策已從「消滅中華民國」轉移至「維持中華民國」。

比較馬總統的此次宣示與北京近年所做嘗試，可見雙方都在對「一個中國」的涵義進行調整；主要的方向皆在不再強調「中華民國（或中華人民共和國）是代表中國的唯一「政府」」，而欲創造「一個「台灣（中華民國）及大陸（中華人民共和國）皆是一部分的中國」的新思維。此即將「一個中國」視為「第三概念」或「屋頂理論」。

其實，無論馬政府的「一中各表」，或胡錦濤的「儘管尚未統一，仍是一個中國」，用意皆在描繪「一個分治而不分裂的第三概念中國」。兩岸若欲「和平發展」，並維持「一中各表」或「儘管尚未統一，仍是「一個中國」」，至少必須讓台灣人民覺得「中華民國是一部分的中國」，始能讓台灣人民有「中國」及「中國人」的認同；反之，北京若欲將中華民國「去中國化」，也就是將台灣「去中國化」及將台灣人民「去中國人化」。至於在兩岸實務上，如日前社論所言，即使欲簽定《和平協議》，亦不可否認中華民國政府為交戰主體及議和主體。此即本報主張的「杯子理論」：台灣是水，中華民國是杯；杯在水在，杯破水覆。

兩岸不必排除統一，但統一不易達成。在這個亘古一遇、稍縱即逝的機遇期中，兩岸的「中程目標」，應在設法使「一中各表」或「儘管尚未統一，仍是一個中國」達到法制化及固定化。此即本報所指「連結論」先於並優於「統一論」的道理。欲臻此境，「一個中國」即須昇華為「屋頂理論」的「第三概念」；這其實只是馬總統所說「稱大陸，不稱中國」，及北京所說「大陸與台灣同屬一個中國」的引伸；亦是本報所提「新新三句」的意旨：「世界上只有一個中國，中華民國與中華人民共和國都是一部分的中國，中國的主權和領土不容分割。」

一中新解：一個分治而不分裂的中國。建議兩岸朝野皆朝此方向想想看吧！

聯合報 100.2.17

回歸憲法 馬：公文書禁用「中國」

要求各部會即日起 應稱對岸「中國大陸」或簡稱「大陸」 點名外交部多次嚴重犯錯

聯合報 100.2.8 A1

【記者李明賢、林新輝／台北報導】馬英九總統昨天召集府院首長座談，據轉述，重點仍是兩岸互動，馬總統要求各部會即日起，應稱呼對岸「中國大陸」或簡稱「大陸」，公文書禁止使用「中國」，以回歸憲法架構的兩岸定位。

對於馬總統的新指示，朝野立委反應兩極，綠委譏諷為大戰一觸即發。民進黨立委批評馬總統像中共國務院發言人，是「自我矮化」，國民黨立委則認為這是九二共識的精神，沒必要大驚小怪。

趕在春節最後假期，府院這場各部會首長在北投復興崗座談，有關兩岸政策，馬總統表示，兩岸已簽署十五項協議，今年還有兩岸經濟協議（ECFA）後續談判，包括投資保障、爭端解決、服務貿易以及關稅減免等。馬重申兩岸互動應遵循憲法架構，並主動點名剛出席北京科技論壇的國科會主委李羅權報告見聞。據轉述，李羅權提到，與會期間，對方僅私下稱呼他是主委，但公開場合絕口不提主委稱謂。

馬總統表示，從憲法架構下，我方不承認對岸政權，但不否認對岸治權；在名稱使用上，馬總統認為，不論從憲法或兩岸人民關係條例來看，都不應稱呼對岸為中國。

府方會後解釋，馬總統以中國大陸稱呼對岸，是根據憲法架構下的兩岸現狀描述，各部會首長應當知道，也應該落實。

馬總統也點名外交部，指過去公文書曾多次使用中國稱呼對岸，是非常嚴重的錯誤，馬總統還說：「（這種情況）現在還發生，我講了以後就不要有了！」。

與會者轉述，馬總統會中提及兩岸簽署協議，對岸會註記二〇〇八年，我方則註記民國九十七年，但這一欄都故意空白不填，就是要避免主權爭議，回歸一中各表原則。

對於公文書禁用「中國」字眼，陸委會主委賴幸媛並未多次補充，文建會主委盛治仁則說，不

落和中國的興起，這個轉移過程（結果）創造成中國統一的契機。

二、美國帝國主義的衰落

美國帝國主義（簡稱「美帝」），可能有不少人認為這樣稱美國，是一種情緒性的醜化或偏見。哈佛大學的約翰甘迺由政府學院人權實務教授、「卡爾人權政策中心」(Carr Center of Human Rights Policy）主任、Michad Ignatieff 博士，在「美國帝國勢力的挑戰」（The Challenges of American Imperial Power）一文之研究，帝國不盡然需要殖民地，亦不須要藉由政府或侵略手段建立，美國之所以成為帝國在於其掌控世界秩序。

文宣快遞

100.02.17

【馬主席指示修正陽光法案，法務部預計本會期提出修正案】

針對貪污治罪條例中「財產來源不明罪」立法以來沒有一件起訴案，馬主席 16 日表示，他在日前就已經請法務部研究，是否將僅限於貪污案中的不明財產不說明罪「拿掉帽子」，將範圍擴大為「不明財產不說明罪」，明訂公務員有說明不明財產來源的義務，馬主席指出，雖然這項罪刑只處三年以下的有期徒刑，但只要不明財產曝光，檢察官就可以去查，就可達到遏阻的效果。

馬主席 16 日在中常會中指出，在陽光法案立法時，原本要朝香港式的公務員財產來源不明罪的方向立法，但這種方式違背無罪推定的原則，因此，法務部在修法時，擬在貪污案的偵查中發現有財產來源不明，無正當理由未為說明、無法提出合理說明或說明不實者，犯了不明財產不說明罪，處三年以下有期徒刑，雖然刑度不高，但檢察官就可以去查，不明財產就會曝光，這種方式就會有效果。

馬主席說，依據現行條文之所以沒有一件起訴案，主要是因為不明財產不說明罪的適用範圍僅限於貪污罪發生時，因此，他已經請法務部研究是否不限於貪污罪才適用，改為只要公務員有不明的財產就有說明的義務，法務部也贊同此方向，已規劃召開公聽會，很快就有結論，預計在立法院本會期就可提出修正案。

馬主席說，公務員除了薪水以外，如果有其他大筆與生活不相當的收入，就有義務加以說明，公務人員的隱私權保障標準與一般民眾不同。

中國國民黨文化傳播委員會文宣部 發

【政策議題 Q&A-5】

題次 1. 前總統夫人吳淑珍發監服刑卻因健康因素遭拒入監，本黨對此事件立場為何？

一、前總統夫人吳淑珍發監服刑，經台中監獄培德醫院依《監獄法》規定，由專業醫療團隊評估，認為吳淑珍無自理生活能力，台中監獄因而拒收吳淑珍入監服刑，這是純屬專業判斷的結果，絕非外傳的「按表操課」等陰謀論。

二、本黨秉持一貫尊重司法的態度，吳淑珍遭拒入監一事既然是經過專業醫療團隊評估，一切自當尊重專業，依法辦理。對此，馬英九總統以堅定的口吻重申他身為總統，絕對不介入司法個案的一貫立場，強調再怎麼批評，他都不能干預司法個案，這才是一個總統遵守憲法非常重要的做法。

三、對於外界傳出吳淑珍免入監是府院黨高層定調的結果，本黨文傳會蘇主委強調，該推論毫無事實根據，馬英九總統一向恪遵憲法精神，堅守民主國家權利分立的原則，馬總統對民主憲政的莊嚴承諾，有助於重建公正而獨立的司法威信。本黨在推動司法改革的同時，唯有堅持尊重司法公正、超然、獨立的理念，並加強對民眾說明不干預司法、尊重司法，是台灣民主品質不斷向上提升的關鍵，才能真正達到司法取信於民，人人尊重司法獨立的境界。

四、此外，針對南方朔先生在貴報上所撰寫的〈馬總統有沒有介入吳淑珍拒收案〉一文，引述本黨召開會議及執政團隊相關內容有諸多與事實不符之處，為避免以訛傳訛引發國人錯誤的認知，本黨實已完整澄清與說明：

1. 該文引述《壹週刊》第五〇二期報導，指稱去年十一月十五日府院黨五人小組開會，確定「扁嫂不用關，但法務部要做好技術處理」處理原則。針對《壹週刊》的報導內容，總統府已於今年一月五日公開說明並經媒體報導，發言人羅智強明確表示《壹週刊》的報導未做確實查證，對於這種有違新聞專業的報導，總統府感到非常遺憾。雖然南方朔先生強調針對《壹週刊》的報導也做了查證，但在文中並未明確告知查證的相關細節，若以此斷定總統說謊，如此嚴肅的指控且欠缺佐證資料的文章內容顯然太過武斷。

2. 其次，即使府方已經公開駁斥，南方朔先生仍依錯誤的事實加以引申推論，並指藍營群眾對培德醫院拒收吳淑珍大為反彈，「國民黨十八日晚間得悉後已嚇壞了，漏夜急忙召開緊急應變會議，遂有了十九日馬總統參加退休將領春節餐會的說謊撇清」。經查，本黨當日晚間並無此一會議行程，馬英九主席十八日晚間的行程，則是宴請撰寫政策白皮書的專家學者，在場的七十九位貴賓都可以作證，南方朔先生毫無根據的推論，實與資深媒體評論者應具備的基本素養相去甚遠。

3. 馬英九總統一向恪遵憲法精神，堅守民主國家權利分立的原則，三年來未曾介入任何司法審判個案，行事風格可受公評。正所謂「風行草偃」，在上位者嚴格的自律要求，才能對公務人員與社會大眾起潛移默化之效，這是導正民進黨執政時期國家機器違法濫權最有效的方法。然南方朔先生卻以媒體公器，基於錯誤的事實與推論而指責馬總統說謊，對於這種無端的嚴重指控，期待樹立理性與廉能政府的民眾都不能接受。

4. 馬總統有沒有介入個案？沒有！答案斬釘截鐵且毫無疑問，這是我們必須嚴正說明之處，因為馬總統不僅要對憲法負責，同時也要為歷史負責，道理不辯自明也不容懷疑。

題次 2. 陸一特補償事件引發社會爭議，是否應予以補償，執政團隊的立場為何？

一、民進黨立委蔡同榮提出「陸軍第一特種兵薪俸補償特別條例草案」，要求針對歷年抽籤陸軍第一特種兵接受臨時召集役男，採「臨時召集 1 年之薪俸與同期同階志願役者之差額，加計利息及換算現值」及「已死亡者由法定繼承人依序請領」，並「由國防部分 3 年編列預算支應」實施補償。

二、國防部舉行記者會說明，民國 56 年至 75 年辦理之陸軍第一特種兵臨時召集，均係依據當時之兵役法、兵役法施行法、徵兵規則及召集規則等有關法令辦理，適法性無虞。若依役期長短補償，勢將引發不同時期、不同役期間，相互比較要求補償之紛爭，進而龐大的財政負擔，將由全民分擔，實不符真正之公平正義。

三、以歷年陸軍第一特種兵計畫徵集總人數 56 萬 7407 員，及蔡同榮所提之補償條件，採分年利率複利並換算現值計算，所需補償金額總計約達 1900 億餘元，而一旦擴及海空軍服 3 年役，總補償金更高達 4600 億餘元，不但將增加國防支出，連帶排擠教育及社福等預算，使青少年教育資源及弱勢族群照護能量遭受衝擊，並將進一步影響國家整體施政。

四、針對歷年接受陸軍第一特種兵臨時召集之民眾，國防部亦重申肯定他們依法履行兵役之精神及為國付出之辛勞，並籲請全體國人體察政府對各時期役男服役之規定，均是因應不同時期之國家安全威脅程度及兵員需求等因素，制定法令據以執行，方得長期有效維護國家安全，創造國家整體發展之安定環境。

五、行政院長吳敦義表示，政府與立法院會就陸一特案件，審慎根據法律、情理作最周詳的考量，而同時也有很多民眾認為，政府既然於法有據、於情理都合，「為什麼要獨獨針對蔡同榮立委所發動的事給予特別的優惠？」

六、蔡同榮推動此案數個月以來，民進黨中央始終低調以對，柯建銘在媒體前支吾其詞，說不出民進黨的立場為何，只想將問題推給本黨！有媒體認為，民進黨八年執政期間從未處理過此案，此時又如何能理直氣壯的聲援同黨同志呢？然而，民進黨身為國內最大在野黨，對國家財政傷害如此之大的事豈能含糊帶過，任由黨內同志興風作浪，掏空國庫而不置一詞？本黨因此應促民進黨中央明確表態，向社會大眾明說，如果執政是否會花 4600 億元補償陸一特老兵和其他服役時間較長的民眾？是否會將蔡同榮的提案納入黨的政見？如果答案是否定的，民進黨無疑再次突顯其為謀取政治私利，罔顧國計民生，無所不用其極的投機性格，應予譴責。

七、舉例而言，馬英九總統與行政院陳冲副院長服兵役時，皆擔任兩年期的預官，但早他們幾屆的行政院吳敦義院長卻只當一年期預官，依此邏輯，馬總統與陳副院長是否也應要求補償？

題次 3. 受國際原物料上漲影響，國內民生物價上揚，產生通膨問題，

政府有何因應措施？

一、全球通膨壓力升高的趨勢下，國內民生物價從農曆春節以來漲聲不斷，民眾生活壓力遽增！為此，馬英九總統幾乎每週都與相關部會首長開會討論因應之道；政府部門也立即啟動抗通膨大作戰，召開穩定物價小組、糧食安全專案小組等會議，擬定短期、長期因應措施，除提高糧食自給率來穩定物價外，並採取糖、水、電價緩漲及油價減半漲；調降小麥、小麥粉（麵粉）、奶粉及樹薯澱粉等 7 項貨品關稅稅率；積極查緝囤積的不法暴利行為；救助中低收入戶等具體措施，力求穩定國內物價。

二、馬總統並指示行政院，儘速提出糧食安全因應對策。馬總統指出，過去 30 年來，國人每人每年稻米使用量從 98 公斤降到 48 公斤，幾乎減少一半，這與糧食自給率有很大的關係。他鼓勵大家多吃米，並且減少對進口的依賴，同時也可以減少休耕的土地面積。農委會最近正積極研究，如何鼓勵並讓幼童和學童的早餐可以有更多米食的選擇；這關係著提高國內糧食的自給率、減少對進口糧食的依賴，對整體國家發展尤其重要。

三、行政院長吳敦義也宣示，雖有些進口物價不是我們可以控制，但政府可透過經濟部對國營事業進行有效管理。吳揆保證，政府一定要盡最大能力協助穩定物價，讓國人少受物價上漲之苦。

四、至於外界質疑有不法業者暗中囤積居奇，法務部則邀集公平會、經濟部「穩定物價督導會報」、海關、台灣高檢署等單位，召開「打擊囤積居奇」會議，收集原物料進口價格與價格、大盤售價資料，研商查緝物價異常飆漲的行為。

五、事實上，面對這波全球性的通膨問題，行政部門皆已上緊發條，審慎應對，擬定的多項穩定物價措施，必將逐漸獲得成效，但在此同時，政府除應廣為宣導相關措施，一方面安定民心，一方面也杜絕因預期心理而囤積物資，企圖牟取暴利的投機行為。

美國掌控世界秩序的手段主要藉軍事力量，外交資源與經濟資產，目的在確保美國的國家利益。所以，擁有帝國地位的美國人，堅稱自己國家不是帝國，美國就是這樣一個不是帝國的帝國（注一）。

但是，強大的美帝已顯現出衰落的徵候，在軍事、政治、經濟及文化上，都開始感受到古羅馬滅亡前的恐懼和威脅，尤其「九一一恐怖攻擊事件」以來，美國本土已經陷於內戰交火的狀態。反恐真是愈反愈恐，反應在軍力上是其國防部正在擬撰的「四年一度國防檢討報告」，從「同時打兩場主要戰爭」，調整成「打一場傳統戰爭」。顯現美國戰力正在衰退，現在的戰力開始處於「疲於奔命」狀態。

軍力的衰退，源於支撐霸權最關鍵的基石——經濟力的減弱。二〇〇四年美國的全年貿易逆差創了歷史新高，達六千一百億美元，巨大的赤字持續惡化，過去五年國防支出一兆九千四百億美元，仍不能得到安全。（到我寫本書時，美國國債達十四兆美金）正如《美國商業周刊》所描繪的，美國的進出口產業結構越來越像第三世界國家，而美國最大的貿易入超國（中國大陸）則越來越像一個發達的國家。「中國製造」的產品，如潮水般涌入美國，結果將使美國產業空洞化。經濟力持續衰退，深層的意涵是整個帝國根基正日益鬆動，且無可挽回。

正當美帝根基日益鬆動，全球絕大多數國家都認為美國的反恐，只會讓世界變得更危險。而更離奇的，全世界絕大多數國家已開始已認定美國的「侵略性」，在一項全球普遍的調查中，各主要國家喜歡中國大陸的程度已遠遠領先美國。其差異比數，巴基斯坦是七九對二三，印尼是七三對三八，英國六五對五五，俄國六〇對五二，法國五八對四三，西班牙五七對四一，荷蘭五六對四五，德國四六對四一（注二）。美國不僅國力在衰退，全世界對美國人的厭惡感日愈高漲。英美反恐的本質，在維護其霸權利益，同時利用民主和人權為工具，企圖使「全球基督化」，尤其要使伊斯蘭世界產生「質變」（美其名曰「民主化」），必叫伊斯蘭全面臣服與受控。為達此目標，美帝使出武力戰、政治戰、經濟戰，乃至壓迫性的恐怖統治，全球監控與刑求逼供的手段。美帝反恐，目前處於「掙扎」狀態，如同古羅馬帝國，走上衰落之路，便難以回頭。

當美帝衰落、垮臺、勢力便要退出亞洲。當她無力掌控韓、日、臺、那時兩岸……。

三、儒家中國的崛起與國家統一

相對於美帝的衰落，正是中國的崛起。中國自古便是世界大國，國家每隔「一定期間」有興衰之循環，本來是不足怪，這也是一種「自然法則」。中國經二百年之衰，兩岸經數十年之穩定（未爆發大型戰爭），及大陸二十多年的改革開放，中國的總體國力快速復蘇，原來是自然之道。只是相對的衰落者（美帝）內心恐懼，深怕利益流失，乃創造出「中國威脅論」，到處恐嚇各國，說中國強大後會侵略他國。

美帝的心態是以「掠奪者之心度君子之腹」，又不懂東西方文化的本質，西方是一種「霸權文化」，中國是以儒家思想為主流的「王道文化」。本文以下將說明，同是邁向強國之路，中國向世界「輸出」了甚麼？中國和美帝的「輸出品」有甚什麼不同？

有關中國的崛起，其國防軍事力量現代化如何？經濟力量又如何？已是目前世界之顯學，研究「中國學」已形成世界風潮，相關論文、著作或調查報告，真是汗牛充棟。故本文亦不趕熱鬧做這方面論述，只從文化上說明中國向世界「輸出」了甚麼？

中國為配合全球掀起的漢語熱，大陸的「漢語水平考試」（**HSK-Hanyu Shuiping Kaoshi** 的羅馬拼音縮寫），除在大陸每年舉行兩次外，已經在全球三十三個國家，設有一百五十多個考場，考生超過五十萬人次。歐美許多大學、大企業、都普設「中文班」，可見目前中文在世界各地受歡迎的程度。臺積電張忠謀在一場國際招商會議的高峰論壇上，曾以「中文優勢論」詮釋之。

為推廣中華文化，大陸正計劃在全球開辦一百所孔子學院。二〇〇四年十一月，中國一所海外孔子學院在韓國漢城（首爾）成立；二〇〇五年三月，在美國第一所孔子學院在馬裏蘭大學成立。更早在一九九三年的「全球倫理宣言」，已提到中國孔子「己所不欲，勿施於人」的精神，認為要解決全球各地的國家、種族、宗教及文化上的衝突，要回首兩千五百年，向孔子取經。

以上這些事實，說明中國邁向強國之路，是向全世界輸出一種「己所不欲，勿施於人」的儒家文化。本來，強大的中國是一個以儒家文化為內涵的民族國家，己所不欲，勿施於他國。完全不同於英美帝國主義，把美式民主，人權當成普世推展霸權文化的工具，日本因「脫亞入歐」，也受到西方帝國及資本主義毒害，實乃亞洲之不幸！

美帝的衰落，中國的崛起，形勢已定，大勢所趨，必水到渠成，正是所謂「形勢比人強」。在中國大陸已通過「反分裂法」，此舉在反制美帝的「臺灣關係法」，並對臺灣島內獨派準備一副「虎頭鍘」備用，如今臺獨執政者只好公開宣布「臺獨是不可能的事」；而在野的藍營，則在連宋訪問大陸後，達成歷史性的政黨和解，並積極安排未來雙方的兩岸交流活動。到了二〇一一年之際，兩岸形勢真是一片大好。

四、代結語——中國統一的時機快到了

中國統一是二十一世紀重大的政治工程，目前「工程進度」正隨著美帝衰落、中國崛起、兩岸情勢、臺灣島內統獨消漲等形勢，感受到統一時機快成熟了。光是這麼講，許多人一定已經耐不住性子要問「到底甚麼時候會統一？」看專家怎麼說，在譚門（Ronald L. Tammen）等著「權力對移：二十一世紀的戰略」（Power Transitions..Stra-tegies for the 21 Century）一書這麼認為，問題不是中國是否將成為全球最強大的國家，而是要花多久的時間達到此一地位……。至少在二十紀紀結束前，甚至更長的時間，美國仍將持續維持世界領導的地位，但最終此一地位將轉讓給中國（注三）。

近年國內外諸多針對此一問題的學術研究，一般認為在二十一世紀前葉美帝仍能維持領導地位，而到二〇五〇年左右，中國的總體國力才超越美帝，這並不是說中國到二〇五〇年才能完全國家統一。行家都知道，所謂「權力轉移」或世界領導地位的轉讓，是一個長期過程。在這過程中，中國由弱趨強，當強大到一定「程度」，「統一機制」便啟動了，其實北京的「反分裂法」就是啟動了統一機制。不論美帝或臺灣，必受制於同一機制，兩岸不斷向統一之路前進，現在已經上路了。快則十幾年，慢則二十幾年，

兩岸必完成統一，故本文說「中國統一的時間快到了」。

惟主客觀世界皆無常，國際情勢變化萬端，誰知道二十一世紀開始就爆出「九一一事件」。研究美帝目前情勢，與伊斯蘭世界的鬥爭必將加劇、惡化，「倫敦爆炸案只是新的開始」，阿富汗戰場也難以善了。中國面對此一情勢，應知古代「削魏強齊」之策，勿忘小平同志所言「不要太早把頭伸出來」，加緊各項建設，醞釀統一氣氛，則前面所提的「統一時間表」還會走得更快。

筆者除闡揚「中國統一的時機快到了」，更呼吁老伙伴、老朋友及識或不識的讀者們在中國統一的進程上，您，不要缺席，盡一份力或一份心都行。

注釋：

注一：該文中文，黃文啟譯，國防譯粹（臺北：國防部史政編譯室，九十二年十二月，第三十卷第十二期），頁七四—八四。

注二：南方朔，「每個石頭底下都躲著恐怖分子」，《中國時報》九十四年七月十一日，第四版。

注三：見國防譯粹（臺北：國防部史政編譯室，九十三年二月，第三十一卷第二期），封底資料說明。

第九章 統派經營中國統一事業的大戰略要領芻議

本書以「陳列展示」台大逸仙學會各同仁行腳，希望大家走過的路、做過的事，那些點點滴滴，不要就此成為「存查檔案」，至少再發揮一點光明正義的力量。

當然「台大逸仙學會」必然以信奉中山先生的三民主義為前提，至少也須理念相同，否則便不可能成為本會同仁。中山先生畢生努力的目標，就是圖我們中國的富強、繁榮與統一。尤其「統一」大業，更是當代中國（含兩岸）的核心價值，不論叫中華民國或叫中華人民共和國，統一也是當代中國的國家核心利益，亦事關整個中華民族之生存發展和尊嚴。

圍繞著中國統一這個核心問題，積極之作為當然是「反獨促統」，從第一章開始，論述八個主題：

◎聚集正法正氣．消滅魔道。

◎我們裁撤，人家進來了。

◎統派手中的倚天劍和屠龍刀：絕對優勢。

◎光明與黑暗的對比：逸仙自在遊．獨派思想滅頂中。

◎一種光明正義力量．終結陳水扁獨派偽政權。

◎馬英九的春秋大業與春秋定位：終統之實踐。

◎厚顏無恥的人怎能領導台灣？

◎中國統一的時機快到了。

針對統派堅持努力了一百多年的中國統一的問題，也是國父孫中山先生一生致力的革命目標，而以統派在台灣面臨的特殊環境，提出本章為最重要的大戰略指導（芻議）。此不單單僅為二〇一二之藍營勝選，更是我研究中國歷史、政治所得之智慧及所見之真相，提供給藍營政治人物、熱愛中華文化的人、藍營支持者、逸仙學會諸君及中間選民，以期轉變一些觀念，有利於更久的來年經營統一事業，迎接中國成為繁榮、強大而統一的到來，分別如後。

第一、統獨是敵我關係恆久的鬥爭與最長的持久戰。

這是一條重要的要綱，可謂統獨鬥爭要綱第一條，其中含有兩個重要的戰略意涵，統獨是敵我關係和持久戰。

先講敵我關係（可另參下項）。統派（含支持者）較多人過於天真，以為獨派人馬可以成為朋友，這是犯了古今以來戰場上的「戰略錯誤」（敵我不分），危險啊！但獨派不會犯這種錯誤，他們的敵我意識很堅定，這方面頭腦清醒，極少動搖者。這也就是阿扁阿珍不論貪污多少錢，支持者始終不減，他們就算承認小馬哥陣營清廉，還是敵人；阿扁就算爛，還是自己人，還是同志。

統派陣營如果不能堅定認識統獨是敵我關係，遲早還要吃大虧。要清楚明白一個本質性問題，敵我關係只有戰爭、戰鬥、伐謀，只有勝敗，所謂雙贏是不切實際的。

另一子項「最長的持久戰」（比國共鬥爭更久），因為台獨思想自鄭成功收回台灣

100 年台大逸仙學會選舉第五屆監察人選票

台大逸仙學會

100.3.25.

圈選	候選人	簡 介
	包宗和	台大行政副校長
	孔慶華	(退休)台大工程科學及海洋工程學系教授
	陶錫珍	(退休)生命科學系副教授
	陶瑞驎	台大法律碩士；法院書記官

備註：

1. 應推選出監察人 3 名。
2. 每人限圈選 2 人，超過者以廢票計。
3. 除上述候選人建議人選外，出席會員可另提名候選人，請將姓名填入空白欄。

100 年台大逸仙學會選舉第五屆委員選票

台大逸仙學會

100.3.25

圈選	候選人	簡 介	圈選	候選人	簡 介	圈選	候選人	簡 介
	黃宏斌	生環系教授		范利枝	台大實驗林僱員		吳信義	(退休)主任教官
	連雙喜	材料系教授		劉性仁	台大、政大國發所碩士、博士 聯大助理教授		鄭太平	(退休)軍訓教官
	馬小康	機械系教授		張新民	台大環工所博士 空大助理教授		查公正	(退休)軍訓教官
	陸雲	農經系教授		陳士章	台大法律系博士、台灣創育中心執行長		吳元俊	(退休)主任教官
	孫志陸	海洋所教授		梁乃匡	(退休)海洋所教授		夏良玉	(退休)學輔組主任
	游若萩	食科所教授兼所長		曹培熙	(退休)物理系教授		茅增榮	(退休)事務組主任
	陳瑞芬	生科系助理教授		丁一倪	(退休)農化系教授		黃灑生	(退休)課務組主任
	陳國華	體育室教授		沙依仁	(退休)社會系教授		葉文輝	(退休)體育室組員 前逸仙學會第三組組長
	林慶全	台大醫院工務技佐		陶錫珍	生科系副教授		張榮法	台大歷史系 前學生會會長
	陳梅香	軍訓組幹事		宣家驊	(退休)總教官		文亞南	台大電機所博士生

備註：

1. 本屆委員應推選出十六名。
2. 每人至多限圈選十人，超過者以廢票計。
3. 除上述候選人建議人選外，出席會員可另提名候選人，請將姓名填入空白欄。

之次年（康熙元年、一六六二年）卒於台灣，其子孫開始分裂成統派和獨派，形同今日台灣。

獨派主張脫離中國而獨立，統派當然反對。至康熙二十年（一六八一年），侍衛長馮錫範（鄭克塽岳父）和唐妃勾結，在台灣北園別館製造骨肉相殘，挾持年幼的延平王鄭克塽，陰謀恃海自固，「自立乾坤」。時鄭成功夫人（董太妃）以年邁之軀，支撐著台灣眼前風雨飄搖的局面，凜然宣佈：「**自立乾坤，分裂國土，我至死不為！若有再提自立乾坤者，殺無赦！**」之後的歷史很多人知道，但對鄭成功夫人大義凜然的「反台獨」精神，知者似乎不多。

歷史很詭異，二百年後台灣割讓給「漢倭奴王國」，又有統派（回歸中國）、親日（成倭國之一部）和獨立三股勢力。而現在台島內部的獨派勢力，起自一九六〇年代一些美日機會主義者的支持。

一00年台大逸仙學會選舉第五屆會長選票 台大逸仙學會

100.3.25.

圈選	候選人	簡 介
	馬小康	台大機械系教授；曾任台大逸仙學會執行長

備註：

4. 每人限圈選 1 人，超過者以廢票計

5. 除上述候選人建議人選外，出席會員可另提名候選人，

請將姓名填入空白欄。

台大逸仙學會第四屆組織成員：

會長： 陳國華
委員：林火旺、羅漢強、宣家驊、 丁一倪、茅增榮、官俊榮、沙依仁、馬小康、陸雲、鄭大平、梁乃匡、葉文輝、蘇豐凱、林育瑾、游若萩、
監察人：包宗和、孔慶華

委員會各組之職掌

類別	委員成員	職 掌
行政組	梁乃匡(召集人)、沙依仁 葉文輝、林育瑾	一、文書處理及建檔 二、行政聯絡 三、籌辦各類行政會議 四、本會財務之規劃和募集。 五、財務的列管 六、本會年度經費之編擬 七、本會經費之核銷及編列帳冊 八、開會通知之發佈 九、其他相關工作
學 術 組	羅漢強(召集人)、林火旺、陸雲、馬小康、游若萩	一、籌辦各類學術活動 二、企劃本會的發展 三、籌辦校園及社會議題之研討會 四、其他相關工作
活 動 組	丁一倪(召集人)、官俊榮、茅增榮、	一、籌辦各項聯誼活動 二、其他相關工作
組織聯絡組	宣家驊(召集人)、鄭大平、蘇豐凱	一、招募會員及審核會員資格 二、本會之組織及發展 三、會員之聯繫

提這些歷史，說明台獨形成並非短期，且無論可見的未來台灣政局如何變化，台獨也不會完全消失，其最後的掙扎期很長，直到中國完成全面統一為止。

統派及支持者要有打「持久戰」的心理準備，效法鄭成功夫人「**分裂國土，我至死不為，若有再提自立乾坤者，殺無赦！**」的春秋大義精神。

第二、分清敵友，兩岸一家人的共同敵人是台獨。

對於清楚的分辨敵友，從歷史上檢驗卻是統派的弱點，國民黨在大陸時期敵我的迷惑造成重大失敗。但共黨對這種策略的運用很靈活，次要敵人可以是暫時的朋友，共同對付主要敵人。共產黨和台獨就

會員大會程序表	
17:30~18:20	報到、用餐(在 247 室)(精美紀念品於大會結束前贈領)
18:30	大會開始
18:30~18:40	典禮程序(唱國歌、向國旗暨國父遺像行敬禮)
18:40~18:50	主席致詞(及介紹來賓)
18:50~19:20	來賓致詞
19:20~19:30	工作報告
19:30~19:50	議案討論
19:50~20:00	選舉第五屆會長、委員及監察人
20:00~20:10	中場休息
20:10~21:10	專題座談
21:10~21:30	宣布選舉結果
21:30~21:40	領取紀念品
21:40	散會

大會工作人員	
主持人	陳國華
司儀	陳梅香
記錄	高閩生
總務	葉文輝
文宣	官俊榮、陳梅燕
開會通知	陳國華、簡惠爵
報到服務	鄭大平、高閩生、查公正 葉文輝、張榮法、簡惠爵 簡惠珍、崔海雲
接待	羅漢強、梁乃匡、曹培熙 馬小康、陶錫珍、陳瑞芬、 茅增榮、陶瑞驎、陳梅香 官俊榮、蘇豊凱、林育瑾
會場佈置	葉文輝、鄭大平、陳梅燕 查公正、高閩生

曾經是「暫時的朋友」，共同對付國民黨。

早期兩岸對立對決時代，國民黨是中共的主要敵人，海外台獨不過是中共眼中的次要敵人。但中共和台獨的主要敵人都是國民黨，於是中共為拉攏台獨共同打擊國民黨，經常派人參加台獨舉辦的活動，他們共同的階段性敵人是國民黨。

一直到一九八〇年八月，許信良在美國與史明（原名施朝暉，鄧小平「二野」時期的得力部下，後為台獨聯盟領導人。），二人共同發表「台灣社會主義革

台大逸仙學會 100 年會員大會

大會議程

開會日期：中華民國 100 年 3 月 25 日(星期五)下午 5 點 30 分至 9 點 30 分。

開會地點：國立臺灣大學校總區綜合體育館(新館)2 樓 248 室演講廳。

主席：陳國華　　　　記錄：高聞生

出席：台大逸仙學會全體會員

列席：台大逸仙學會會友

來賓：

大會議程

一、主席致詞(及介紹來賓)：

二、來賓致詞：

三、會務報告：

(一)本(第四)屆會長、委員及監察人任期，將於今年 7 月 31 日屆滿，本會應進行改選，將於「議案討論」之程序後，舉行是項改選。

(二) 去年十月七日，本會舉辦「慶祝建國百年暨雙十國慶專題講座」，是項活動之執行，如附件(一)。舉辦地點在台大第一學生活動中心；報名參加人數 296 人，報到人數 251 人，大會順利完成，活動主題頗受肯定；經費支出，請參閱附件(二)。

(三) 專題講座的舉辦，承蒙中華青年菁英協會、中華聯合青年議事協會、中華中興菁英發展協會、中華民國工商建設研究會和大專院校教授「國政研討」聯合會等單位協辦，特此表是謝意，尤其要感謝國民黨青年部的指導及鼎力協助，並且黨部輔助本次活動新台幣貳萬元，已存入本會專用存摺，也借此再次表示謝忱。

(四)本會 98 年 11 月至 99 年 10 月，經費支出共計新台幣 111923 元，請詳閱附件(二)。

(五) 去年(99 年)4 月 10 日起至 6 月 26 日止，本會與台大教授聯誼會和新台大聯誼會共同合辦第二期「氣功研習班」。如期順利完成。

(六)上次會員大會提案通過，本會應當辦理會員重新申請入會或繼續會籍，經兩次預告訊息及一次郵寄通知全體會員並 Email 會員三次，已經有七十六人申請，通過核准在案。本次大會議程中唯具備重新獲取本會會員資格者，才具有選舉權、被選舉權及表決權。歡迎尚未辦理申請手續者，回到「逸仙」大家庭來，本大會會議資料最後一頁是申請表，請填

命黨，是台灣無產階級的革命黨，即是為了實現一切生產手段統歸社會所共有，並禁止不勞而獲，以實現無剝削的理想社會政治組織。」

可以見得，中共和台獨曾是「階段性朋友」。我引此例，主要證明中共在策略運用上很靈活，但國民黨始終綁手綁腳。

國共兩黨早已和解，兩岸人民早已互通往來，且「一個中國」是國共兩黨的最高共識，理應排除萬難進行一個中國的政治談判。何況，「中華民國」和「中華人民共和國」都是中國之一部份，是真正同一家、同一族人，藍營（統派）要有清楚的選擇，不能隨綠營起舞，人家罵，我們自己也罵，便是「中計」。

是故，現在以至未來，國民黨的朋友是兩岸所有中國人，國共是友不是敵，共同的敵人是台獨，全體中國人的共同敵人也是台獨。

妥後擲交報到處。

(七)懇請各位推薦合乎資格之親友，尤其是自己的子女，加入本會，為共同的理念，互相扶持努力。

四、討論提案：

提案一、

案由：審議 99 年經費支出明細表

說明：詳如附件二

決議：

提案二、

案由：推選本會第五屆會長、委員及監察人

說明：

(一)本(第四)屆會長、委員及監察人任期將於民國 100 年 7 月底屆滿。依本會章程規定，應行改選。

(二)本次各項選舉之候選人如選票所列，如要增列，請提議加列記入。

(三)推選委員名額十六名中，保障退休教師、退休職員和學生各二名。圈選人數至多十名，超額圈選，則以廢票論。

(四)應推選出監察人 3 名。每人限圈選 2 人，超過者以廢票計。

台大逸仙學會 100 年會員大會
會議紀錄

開會日期：中華民國 100 年 3 月 25 日下午 5 時 30 分至 9 時 30 分
開會地點：國立臺灣大學校總區綜合體育館(新館)2 樓 248 室演講廳
主席：陳國華教授　　記錄：高閩生
出席：台大逸仙學會會員 32 人及會友 20 人，共計 52 人。詳如簽到表。
來賓：七人。詳如簽到表。
一、唱國歌及向國旗暨　國父遺像行三鞠躬禮。
二、主席致詞（及介紹來賓）

各位逸仙的先進、各位師長、各位來賓大家晚安，非常感謝各位在百忙之中撥冗參加逸仙的會員大會，另外要感謝工作人員的辛勞協助，使我們的大會得以順利的舉行。台大逸仙這三年來都選擇 3.29 青年節前夕召開會員大會，有緬懷紀念建國先烈的意思。今年欣逢建國百年更具有深層意義，所以大會製作了精美的文鎮贈送各位。文鎮上恭錄了　國父孫中山先生的訓示：人生以服務為目的，期盼我們以此作為互勉的座右銘。

感謝各位多年來、尤其這三年對逸仙會務的協助與支持。此次會員大會有一個重要的任務，就是選擇下一屆的會長、委員及監察人。待會我們會依議程進行。中場休息後的專題座談期待各位先進踴躍發言，提供寶貴的意見，我們會依意見的內容呈報各相關單位參考。

介紹蒞會貴賓：

中國國民黨台北市委員會	潘家森主任委員
中國國民黨主席辦公室主任	夏大明主任
立法委員	賴士葆委員
台北市議會	李慶元市議員
臺大文學院	朱炎前院長
台大逸仙學會	梁乃匡教授前會長

三、來賓致詞：

夏主任大明致詞：

各位逸仙的師長、潘主委及各位來賓，大家晚安，大家好。這一、二年來和逸先的朋友及陳教授的互動非常密切，逸仙的活動方式是我以前在青年部一直努力推動的目標，這個區塊是國民黨要持續、要做的一個區塊，在校園中維繫著知青黨部光榮的歷史。對黨的青年工作而言，應該是要全力以赴。今天特別和各位報告：我青年部的工作 2 月 1 日開始交給台北市議員林奕華接任，自己接任海外部主任，青年工作和海外工作有類似的地方，也有不同的地方，海外工作複雜度相當高，在人力、物力、經費都有限的情況下，維持服務的品質就是以時間換取空間，晚上得花很多時間與分佈在世界各地的黨部以網路聯繫，國民黨海外分支黨部大約有 170 個，要花很多時間互動，所以感覺上要比在青年部辛苦些。

非常感謝陳教授這些年對台大逸仙的付出，很榮幸併肩做過一些事情。今天是代表林奕華來的，明天黨部在台南有活動主席會參加，青年部的人全部都南下了。黨部的工作皆爲互相支援，若青年部有需要我絕不推辭。在此再次對陳教授的付出表示感謝，尤其是對青年部工作的幫忙；校園絕對是國民黨重視的地方，逸仙已經持續在做，希望能更加擴大，可用聯誼會的名稱恢復知青黨部的活動力。

再次表達對逸仙的敬意，各位提供的寶貴意見我們會認真的思考，感謝各位。

中國國民黨台北市委員會　潘家森主任委員致詞：

謝謝，陳會長，在座的各位師長各位先進，很榮幸有機會代表台北市黨部參與台大逸仙的會員大會。本人在台北市黨部歷經總統的選舉，市長的兩次選舉、立法委員的選舉以及市議員的兩次選舉，承蒙各位的協助和幫忙，都能完成黨部交與的任務，再次的感謝大家。這些年來由於有大家精神的凝聚，國民黨才能重新中央執政，皆靠在座的各位登高一呼，產生正面的影響。

馬英九當選總統後有些政策及語言表達的方式，只有知識份子或是有一定程度以上的人才能聽得懂，因此在基層上常遭到很大的阻礙與誤解，這些將來要如何讓基層民眾更瞭解，尤其是學府內的學生及師長們瞭解馬總統的策略與政策，要仰仗各位在校園內多予解說，馬總統本身是非常清廉的，再三交待不可收取任何禮物，包括一個杯子，一份水果都不可以。因而豎立清廉的風氣，但也造成部份基層的誤解。爲了族群的和諧，彌補已被撕裂的族群再三的向二二八家屬鞠躬道歉，以同理心來化解族群間的誤解，但是在基層同樣是很多人無法理解的。

再例如司法問題，有許多人要求馬英九應該將陳水扁及其團隊中所有貪污的都應該關起來，但馬總統堅持司法一定要獨立，讓許多非常失望，甚至藍軍支持者認爲我們選錯了人。另外一例：陸委會主委用一位與綠色決裂的人士來執行國民黨的政策，推展兩岸的關係，這是個非常聰明而且非常英明果斷的決定。但有些人非常的不諒解，但這些都是馬英九總統的人格特質。即使反對黨用族群的撕裂，用意識型態的對立等不擇手段的方法，希望贏得總統的席位，所幸我們有一位馬英九當總統。2012 的總統大選，我們不但要贏而且在北部要大贏，因爲南部已被地下電台惡質的影響下處居劣勢，我們要在有優勢的地方多得選票彌補南部選票上的落差，以免造成憾事。明年總統的選舉，在我們可以贏得地方，我們要多得選票，在此拜託各位大家一起努力。在此再次謝謝各位，希望各位多多指教，讓我們黨務做的更好，祝福大家健康快樂。

各位晚安大家好，逸仙學會在陳國華教授的帶領下每年都有舉辦活動且成效良好，陳教授非常辛苦的多次幫忙藍軍拉票，謝謝陳教授。

最近政壇上大家所討論的題目之一是：2012 總統與立委是否合併舉行，兩派之間各有論點，個人認爲應該一起選，所謂憲政空窗期、看守政府過渡期太長等問題，只要訂一個法即可解決，而且有六成的民眾贊成合併選舉；希望中選會能負起責任，這是第一個和大家分享的事。

第二件和各位分享的事：2012 年的總統選舉和 2008 年有很大的差別；這兩天的民調大家都看到了，彼此之間的差距爲 6%，實在相當有限，在危機意識上，在雲林以北我們要贏 80 萬票以上，否則會輸。這個任務很艱難、危險啊！緊張啊！藍營的人會挑剔、綠軍忠誠度高。2012 若國民黨沒能維持執政情況會很糟糕，大陸對咱們就會斤斤計較，台灣的未來不知會變成什麼模樣，拜託各位支持我們，去拉票，無論怎樣一定要藍軍持續執政，台灣才會安定，我們的子子孫孫才能在安穩中發展。

逸仙學會的朋友除了學術研究之外，拜託各位盡量拉票，有任何意見歡迎隨時指教，祝福各位。

台北市議會李慶元議員致詞：

陳會長、各位師長、各位前輩晚安，剛才恭聽了各位寶貴的意見受益良多。舉例來講現在的大學教育。學生所學跟就業市場有脫節的現象，事實上以台北市而言是全國失業率最低的地方，在台北市沒有真正的失業問題。只有兩種狀況：一是自願性失業，就是不想就業；二是所學找不到適合的工作。建教合作是很重要的，實習的機會也很重要。

針對 2012 年的總統大選是非常嚴峻的，上回藍營立委選舉可說是全面的勝利，這次選民的心態會改變，不太希望某一政黨席次遠遠超過 3/4，全省都瀰漫著這種思維，估計明年立委選舉民進黨大概會拿下 2/5 席次，藍營剩 3/5 席次，這種現象反映到總統大選上也會變得很艱困，最近的民調就可看出來，差距在 5%~6%之間非常小，一夕之間就會翻盤，所以總統大選是非常嚴酷的，希望藍營的人士能加強合作繼續努力，謝謝大家。

三、會務報告：

請參閱會議資料

通過

四、討論提案：

提案一、

案由：審議 99 年經費支出明細表

決議：鼓掌通過。

提案二、

案由：推選本會第五屆會長、委員及監察人

決議：通過。

進行投票

五、臨時動議：

無。

六、專題座談：

（一）主題：會務、黨務及時政建言

馬小康教授：

我們逸仙學會主要的是台大的教職員先所組成，我們所做的建言，希望上級能接納。台大應該發揮智慧，寫文章建言，對政策時政的討論給中央參考。這樣大家來逸仙才會快樂，針對時事來討論，政府做法的缺失，換回大家的熱忱；將會員的心聲向上反應，希望能得到迴響。

吳普炎主任教官：

建議下次開大會的時候，打破形式，讓黨員先發表意見、讓相關單位帶回去參考，較有效果。

吳元俊主任教官：

針對未來逸仙學會能針對時政、世界環境的發展及變化等專題定期的座談，提出一些建言，很值得推行。

（二）子題

1. 本學會本屆會務之檢討及建言

陶錫珍教授：

每 3 個月開一次座談會暨慶生會，讓大家有機會多見面，凝聚向心力。

朱炎前院長：

看到大家就高興，謝謝大家。

2. 本黨 99 年五都選戰的省思及建言

陳福成主任教官：

按照本人長期的觀察與研究，綠營的人是在選國家，藍營的人是在選政府，綠營的國家指的是台灣國，政府和國家是不一樣的。政府是可以批判的，國家是不能批判的。綠營的人馬將選舉視為一場戰爭，而藍營的人將選舉當成民主政治的架構下的法律行爲，接受法律的規範，而戰爭可以不擇手段求取勝利，319 的案例就是爲求勝利不擇手段的案例，在策略的運用上藍營受到太多法律的細綁，綠營則沒有。(因此主席陳國華呼籲：執政的國民黨要喚起國民的國家意識及國民認同中華民國，並且要成就好的執政成績)

3. 對本黨 2012 年大選（總統及立委選舉）策略之建言。

丁一倪教授：

陳主任教官剛才提出的概念很重要：綠色的人在選國家，馬總統常常顧念到人民的觀感，人民的觀感要排除那些選國家的人，因爲那些人的觀感只會讓他的票會更少，例如 18%的朝令夕改，傷了很多人的心。再來日本發生核災，30 年輻射都不會衰退，在這個時間點上請不要提核四，做歸做，不能再講。

張富安先生：

請重視羅少將洩密案，洩露了國家極機密的資料，即將開放大陸觀光客自由行，本人認爲萬萬不可，台灣的山川水系、軍事要地、地形地貌、國軍的通訊系統資料，將全面曝光。爲了國人的安全，不要開放大陸人士自由行。(因此主席陳國華建議：政府若要開放大陸觀光客自由行，必須做好嚴格的管控)

4. 針砭大專教育政策

陶錫珍教授：

我們現在大專教育所用的教科書大都是外文的爲主，事實上中國大陸的教科書很多是中文的，即普及又便宜，我們用原文教科書每本都好幾千元，學生唸不通又唸不完。教育部是否能針對基礎的課程由老師們合編一本部訂的教科書，不然會喪失國格和民族自信心，也會讓學生誤認爲我國沒有科學家。

丁一倪教授：

剛才陶教授談到合編中文教科書，贊成和反對的人都有，反對的理由：(1)不方便和國際接軌；(2)銷售市場有限，出版意願不高；(3)智慧財產權發達後所引用的圖表、資料放在自己的書上會招致麻煩；(4) 上課用自己的書，學生會要脅老師說買書就及格不買就當掉，會造成老師極大的困擾。

陶錫珍教授：

如果是一位老師寫書會出現上述問題，如果是將每位老師最精通的章節匯集成一本書，希望教育部能鼓勵各校出版自己好的教科書。

楊建澤教授：
日本約在20年前就開始合著書籍，台灣的學者合作很差，不肯做這樣的事情。每人寫一章是每個人學術上的精華，合著的書才有權威性，我支持陶老師的看法。

馬小康教授：
提供個人的經驗：原文書的專有名詞學生常常不甚瞭解，國外就請我在每一章節原文書的後面加註了中文的重點，特別是翻譯的名詞讓學生比較容易看得懂。我們也曾經合著了一本中文教科書，供科技大學的學生使用效果不錯。

丁一倪教授：
希望台大稍微大型一點的教室上課時可以直接連網。

梁乃匡教授：
希望國內的職業教育訓練出來的學生能夠務實，科技大學的教育不應只是學位的追求，而是能訓練出能幹的操作手。科技大學教師的升等也是看論文的發表數量這是有問題的。教實務的東西可能寫不出文章來，這些觀念要調整，科技大學教師的升等制度、教師的評審，應和普通大學不一樣。要工業生根光有理論是不夠的，例如我們的馬路工程就不如先進國家，這些小地方不是光靠寫論文的篇數來決定學術水準，這些觀念希望大家能重視。

5. 如何提升大學畢業生之就業率。
梁乃匡教授：
教育出來的人要能夠符合社會的需要，關鍵是能學以致用。

陶錫珍教授：
希望系所的學生在寒暑假期間能到適當的地方工讀，能瞭解自己畢業後找工作的方向，增加畢業後就業的競爭力。

丁一倪教授：
針對即將選舉，失業問題要解決；政府有些單位出了事情後就推說人手不足，人手不足是聘用雇員解決失業問題的機會，也能順便解決業務上的困難。例如日本最近輻射影響，政府可加聘雇員從事檢測工作，如果政府表現的有所作爲，百姓也感受到了，即可增加選票又可提升就業率。

綜觀全般態勢很明顯，當前要反台獨光靠島內的統派是不夠的，勢必要結合全體中國人、共軍，以政治、經濟、文化等中國之總體國力為後循支持，則反台獨至最後消滅台獨，才會成為歷史的必然。

第三、積極運用現有絕對優勢，從本質面改造台灣社會，這便是針對敵最劣弱之一點給予致命打擊，台獨將自然消失。

中外研究國家戰略（National Strategy）、大戰略（Grand Strategy）之大師，西方如李德哈達（Basil Henry Liddel Hart）、克勞塞維茨（Carl Von Clausewitz），我國如孫子、吳起，乃至中外政治家，致勝戰略之用，雖各有妙道，但萬變不離其宗，即「**積極運用現有之優勢，經時空布局，形成絕對優勢，指向敵最劣弱之一點，給予致命的**

陶錫珍教授：
希望政府鼓勵事業單位增加工作名額，可增加年輕人的就業機會。

主席結語：
各位會員以上所提供的寶貴意見，我們會整理好，提出建言，我相信上級會接納我們好的意見。

七、宣布選舉結果：
當選名單
會　長：馬小康
監察人：包宗和、孔慶華、陶瑞驊
委　員：陳國華、游若萩、連雙喜、陸雲、吳元俊、梁乃匡、陳梅香、丁一倪、陶錫珍、黃宏斌、茅增榮、吳信義、葉文輝、張榮法、黃滬生、文亞南（學生保障名額）
候補委員：宣家驊、鄭大平

八、散會：
領取紀念品

一00年台大逸仙學會選舉第五屆會長選票

台大逸仙學會

100.3.25.

圈選	候選人	簡 介
30	馬小康	台大機械系教授；曾任台大逸仙學會執行長

備註：

4. 每人限圈選1人，超過者以廢票計
5. 除上述候選人建議人選外，出席會員可另提名候選人

   請將姓名填入空白欄。

100年台大逸仙學會選舉第五屆監察人選票

台大逸仙學會

100.3.25.

圈選	候選人	簡 介
正正正正下	包宗和	台大行政副校長 (23)
正正	孔慶華	(退休)台大工程科學及海洋工程學系教授 (10)
正正下	陶錫珍	(退休)生命科學系副教授 (16)
正下	陶瑞驎	台大法律碩士；法院書記官 7
	[illegible]	2

備註：

1. 應推選出監察人3名。
2. 每人限圈選2人，超過者以廢票計。
3. 除上述候選人建議人選外，出席會員可另提名候選人，

   請將姓名填入空白欄。

台大逸仙學會

100年台大逸仙學會選舉第五屆委員選票

100.3.25

圈選	候選人	簡　介	圈選	候選人	簡　介	圈選	候選人	簡　介
	黃宏斌	生環系教授 11		范利枝	台大實驗林雇員 2		吳信義	(退休)主任教官 10
	連雙喜	材料系教授 16		劉性仁	台大、政大國發所碩士、博士 聯大助理教授 5		鄭太平	(退休)軍訓教官 7
	馬小康	機械系教授 19		張新民	台大環工所博士、空大助理教授 3		查公正	(退休)軍訓教官 5
	陸雲	農經系教授 16		陳士章	台大法律系博士、台灣創育中心執行長 3		吳元俊	(退休)主任教官 13
	孫志陸	海洋所教授 6		梁乃匡	(退休)海洋所教授 12		夏良玉	(退休)畢輔組主任 5
	游若萩	食科所教授兼所長 20		曹培熙	(退休)物理系教授 5		茅增榮	(退休)事務組主任 10
	陳瑞芬	生科系助理教授 3		丁一倪	(退休)農化系教授 12		黃滬生	(退休)課務組主任 9
	陳國華	體育室教授 27		沙依仁	(退休)社會系教授 5		葉文輝	(退休)體育室組員 前逸仙學會第三組組長 10
	林慶全	台大醫院工務技佐 2		陶錫珍	生科系副教授 12		張榮法	台大歷史系 前學生會會長 9
	陳梅香	軍訓組幹事 12		宣家驊	(退休)總教官 7		文亞南	台大電機所博士生 4
	[illegible]	3		[illegible]	1			
	[illegible]	2						

備註：

1. 本屆委員應推選出十六名。
2. 每人至多限圈選十人，超過者以廢票計。
3. 除上述候選人建議人選外，出席會員可另提名候選人，請將姓名填入空白欄。

打擊。」

統派手中握著的正是一種終極之力道，是一種絕對優勢（看第三章），是「無價無尚無窮之法力」。

而敵（台獨）處於絕對劣勢（看第四章），且正在滅頂中做最後掙扎。

今統派以絕對優勢的戰略態勢，面對獨派之絕對劣勢困境，尚不能「全殲」頑敵，這要怪誰？國民黨總部乾脆搬到金門算了！

第四、不斷捅出敵之貪腐面、宣揚敵之黑暗面；積極宣傳我之清廉及一切正面價值。

西元前一千一百多年，武王伐

敦請 蒞臨台大逸先學會第五屆會長交接典禮. - Yahoo! 奇摩電子信箱 頁 1 / 1

YAHOO! 奇摩 電子信箱

敦請 蒞臨台大逸先學會第五屆會長交接典禮 2011/5/5(四) 下午11:31

寄件者: "陳國華" <yd589@yahoo.com.tw>

收件者: "陳國華" <yd589@yahoo.com.tw>

1 個檔案 (18KB)

台大逸先...

各位逸仙師長：

台大逸仙學會謹訂於本(5)月26日(星期四)中午11點至下午1點假 筑軒交誼廳(座落於台大舟山路鹿鳴堂右後方)，舉行本會新舊任會長交接儀式及感恩會餐。敦請本會新舊任監察人、委員等師長蒞臨會場監交、觀禮。

敬請

誨安

陳國華 敬上

0928141281

回 覆 (請於5月19日前函覆)

( ) 準時出席

( ) 不克參加

中午敬備簡餐

紂，但紂王擁兵七十萬，武王只是小小的諸侯國有兵四萬。雙方資源力量相差太大，幾無致勝的機會。

大政治家也是大兵法家姜太公（姜尚，文王、武王尊稱太公望），為武王找到「絕對優勢」。姜太公展開「新聞戰」，爭取天下八百諸侯支持，他不斷宣揚紂王的淫亂殘暴，宣揚武王的仁政清廉愛民。

紂王也不是「省油的燈」，他嚴格進行「新聞管制」，把很多事情列為「國家機密」，但紙包不住火。

姜太公同時也進行著「情報戰」，終於天下八百諸侯和人民都知道紂王如何的亂搞女人！「第一夫人」如何的貪污搞錢！紂王如何殘暴！如何殺害忠良！漸漸的武王陣營贏得「群眾戰」。

牧野（商都朝歌，今河南淇縣以南的開闊平原）一戰，紂王的七十萬大軍如山崩倒，

台大逸仙學會第五屆會長交接典禮

開會通知

一、　時間：中華民國一百年五月二十六日(星期四)中午 11 點至下午 1 點。

二、　地點：筑軒交誼廳(於台大舟山路鹿鳴堂與華南銀行之間)

三、　主題：(一) 第四屆與第五屆會長交接儀式　(二)卸任會長感謝委員、監察人等師長會餐

四、　主持人：陳國華

五、　移交者：第四屆會長 陳國華；接任者：第五屆會長 馬小康。

六、　監交人：本會新舊任監察人：包宗和、孔慶華、陶瑞驎。

七、　出席：本會新舊任委員會全體委員：林火旺、羅漢強、宣家驊、 丁一倪、茅增榮、官俊榮、沙依仁、馬小康、陸雲、鄭大平、梁乃匡、 葉文輝、蘇豊凱、林育瑾、游若萩、陳梅燕。

陳國華、連雙喜、吳元俊、陳梅香、陶錫珍、黃宏斌、吳信 義、張榮法、黃滬生、文亞南（學生保障名額）

候補委員：宣家驊、鄭大平

八、　邀請上級指導：林主任奕華、夏主任大明

九、　邀請來賓：朱院長炎夫婦、高組長閬生、查教官公正

紂王登上自建的鹿台引火自焚而死，商朝滅亡，這一年是西元前一一二二年；而周朝開始，武王、周公和太公建立了很好的典章制度，周朝享國九百年，是我國歷代各朝享國最久的朝代（國家）。

我研究中外歷史，不論軍事戰場上的兵力戰爭，或政治戰場上謀略鬥爭，在宣傳戰這方面無不「**不斷捅出敵之貪腐面，宣揚敵之黑暗面；積極宣傳我之清廉及一切正面、光明價值。**」這是一種無形戰力的發揮，人民的眼睛不全是雪亮的，人民須要教育。

這個戰略的運用，我始終認為也是國民黨的弱點，在大陸時期的國共鬥爭，經常被共黨共軍「牽著鼻子走」（尤其抗戰勝利後）；到了台灣這種戰略又玩輸獨派，真的要好好檢討。

例如，「二二八」之事、蔣公的貢獻和歷史地位、國民黨對台灣的貢獻等，全被獨派宣傳成負面，成為罪惡，而統派竟幾無還手反擊之力，這真是太「奇怪」了！太不可思議。「二

各位親愛的逸仙學會前輩及同仁:

恭賀 端午節快樂!

個人深深感謝陳國華會長精心安排之5月26日逸仙學會新任會長交接典禮，也同時謝謝包副校長、朱院長、台大師長門及上級長官林奕華主任諸多前輩指導及出席。

會中個人曾建議中央應擴大建國100年928教師節之慶祝活動，並應結合青年園遊會及總統茶會，亦獲得諸多前輩指導，十分感謝!

未來逸仙學會發展除待各位逸仙學會前輩、同仁支持及參與，亦盼能多介紹新會員加入，檢討會員入申請書，目前”第五條：（會員資格）凡中國國民黨黨員或認同國父孫中山(逸仙)先生，曾服務或就學於台灣大學，經申請及本會審查通過，得爲本會會員”。謝謝!!

末學 馬小康敬上

二八」明明只是一個意外事件，而且外省人死的比本省人多；再者，沒有蔣公、國民黨，台灣那有今天的繁榮！

真實的情況中，今天統派擁有極多優勢，但不知道積極運用這些優勢來瓦解敵營，真是把倚天劍屠龍刀用來砍柴切豬肉，可惜啊！可惜！

反觀敵營獨派，以那八年執政為例，大頭目和第一夫人阿珍，實在太像商紂王和妲己了，也像法國路易十六和瑪莉皇后（看第五章）。這是宣傳的好材料，多少貪腐大案！件件是用來教育人民的「好東西」，任由媒體（獨派媒體如自由時報，獨派外圍如台灣教授協會）顛倒黑白，人民被

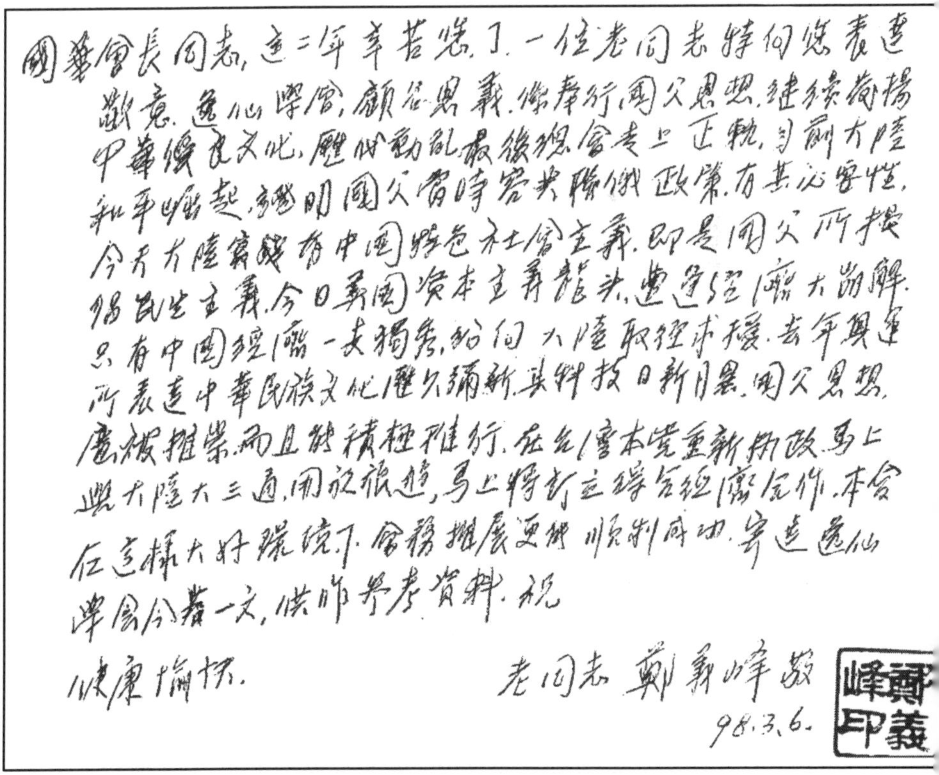
國華會長同志，這二年辛苦您了。一位老同志特向您表達敬意。逸仙學會，顧名思義，係奉行國父思想，繼續發揚中華優良文化。歷代動亂最後總會走上正軌，目前大陸和平崛起，證明國父當時容共聯俄政策，有其必要性。今天大陸實施有中國特色社會主義，即是國父所提倡民生主義。今日美國資本主義龍頭，遭遇經濟大崩解，只有中國經濟一支獨秀，紛向大陸取經求援。去年奧運所表達中華民族文化歷久彌新，其科技日新月異，國父思想處處推崇，而且積極推行。在台灣本黨重新執政，馬上與大陸大三通，開放旅遊，馬上將訂立綜合經濟合作。本會在這樣大好環境下，會務擴展更快，順利成功。寄逸仙學會分眷一文，供你參考資料。祝

健康愉快。

老同志　鄭義峰　敬

98.3.6.

鄭義峰印

黑暗勢力洗腦，結果貪污腐敗洗錢成了「被國民黨迫害」！

統派有很多很多「絕對優勢」，必須善用，才能消滅魔道，因為魔會掙扎，會反撲！

第五、敢戰，勇於一戰，堅持下去，打持久戰。

德國哲學家黑格爾（Georg Wilhelm Friedrich Hegel, 1770-1831）說：「一個民族之不肯冒死者終亦不能偷生。」其原意說，國家受到侮辱侵略等，人民不願或不敢冒死一戰，打敗敵人，終亦不能偷生。

這種「敢戰」精神，我認為也是目前藍營統派較弱的一部份，可能也受到「不分敵我」的迷惑使然！和國民黨組成份子也有關，即一般認為「資產階級」較缺少戰鬥精神。西方政治學理論也有一說，社會中的中產階級形成後，便失去了革命環境（或造反也好），故中產階級之是否形成存在，是社會能否維持安定的關鍵。本來也是，中產階級表示有不錯的經濟條件，有家庭妻兒、有洋房汽車、有滿意的銀行存款……怎可能丟下好日子去革命或造反？或去衝鋒陷陣？

國民黨自建黨以來，組成份子以中產階級、知識階層居多，在大陸時期被認為不能代表中國所有廣大的下階層人民，在台灣常被說成「草根性」不足。

若然，也很難期待國民黨「改變體質」。至於敢不敢和獨派拼下去，勇於一戰，持久性的與台獨份子戰鬥下去？只能說「邪不勝正」，黑暗勢力終被人民唾棄，終被歷史揚棄，其他的一切就交給佛了！

第六、恢復並掌握中華文化的詮釋權，有利促進兩岸交流，有利於未來的和平統一。

中華文化其廣闊如宇宙，其深如海洋，範圍包容之多如繁星，須由國家整體之力量推動，始能克竟全功，產生無邊之「法力」。此在兩蔣時代，有強烈的「復興中華文化」使命，故有「中國文藝協會」、「中華文化復興委員會」等團體運作，各級學校的中華文化相關課程也很豐富，中華文化詮釋權在台灣。

可惜，給那老番顛老不死的李登輝（一個日本流浪者的私生子），以及貪腐成性背叛祖宗的漢奸陳水扁，給這兩個魔頭惡搞二十年，如今台灣在文化上，恐是中華文化的邊陲了。

相較於大陸，他們早已積極的搞起「復興中華文化」的大業，對於孫逸仙思想的推崇已超過台灣（因孫逸仙思想能代表現代化的中華文化和現代國家建設，又能拉近兩岸關係。）舉凡孫逸仙相關之節日慶典，大陸無不敲鑼打鼓，大大的慶祝；反觀台灣，獨派不理不做也就罷了！小馬哥當家也未加重視，甚至冷清。

三、五年內台灣若不積極趕上，必失去中華文化的詮釋權，也等於讓台獨有「春風吹又生」的機會。

推動中華文化是統派的「戰略任務」，只有在這方面做出漂亮的成績，「反獨促統」才能水到渠成。

走筆至此，到了這本小冊子的尾聲，但未來路更長。魔鬼正面臨中國崛起之大浪潮，在浪潮中浮浮沈沈，即將滅頂，但魔鬼的掙扎也必然可怕！尤其正將打一場二〇一二「終極之戰」。

準此，馬小康教授是接下一個大大的任務。本書之末將馬教授在一百年五月二十六日公布的謝涵影印於後，策勵未來，共同努力，使台大逸仙學會再前進，二〇一二勝利成功。

同時借用老同志鄭義峰先生給陳國華教授的信（如後），表達對老會長陳教授的感謝，陳教授也給了我一種叫「動機」的東西，才有本書的出現。

結語：一種期待

走筆至此，掛在心頭的一件事，仍是今（一百年）年五月二十六日中午在本（台大）校筑軒交誼廳，舉行新舊會長交接儀式，會中國民黨青年部林奕華主任致詞，說道：「我們撤出了，人家進去了。」

我心中仍納悶，「為什麼人家進去了，這些年來何不趕快再進去（恢復），還等什麼？校園是一塊「寶地」，不能眼睜睜看著被獨（毒）化，要利用這次大選，快進校園，把基本規模先建立起來，未來可長可久再來改進創新。

但本書之核心宗旨還在發揚「孫逸仙思想」，當前之具體作法，一言蔽之曰「反獨促統」，即要反獨促統，便要使馬英九連任二〇一二大選，而決不能讓獨派的厚顏貪婪又不負責的小英當選。民進黨憑什麼政黨輪替？（見二〇一一年六月八日聯合報社論），這篇社論說的夠清楚，我不須再贅言。

讓馬英九當選是台灣最佳「生機」，使兩岸有機會和平發展，相互交流，進而邁向政治談判，找出和平統一的方法。試問若無「九二共識、一中各表」，台灣什麼都「吃」不到，連「呼吸空氣」都很難。而獨派小英光會反對（其實她也吃現成的馬英九創造兩岸大利多，獨派樂得吃現成的。），不拿出替代方案，難道把台灣全民帶向死路乎？

當然本書的寫作邏輯思維並不在期待獨派突然頓悟，或突然「棄暗投明」這是不切實際的期待。如同不能期待敵人自動投降，不能期待魔鬼修行向善；而在期待統派陣營的莊敬自強，期待統派頓悟，能認識大環境的本質特性，認識敵人，認識自己。為此種期待，再複習本書各章要點為結語：

◎統派應在聚集正法正氣上下功夫，以消滅魔道，終結台「毒」。（第一章）

◎我們裁撤，人家進來了；我們要趕緊進去，不能讓校園被「毒化」。（第二章）

◎統派手中握有倚天劍和屠龍刀，這是一種「絕對優勢」，別光用來砍柴切豬肉。（第三章）

◎台獨的基本邏輯思維，是黑暗的、貪婪的、無望的，正在滅頂中，處於「絕對劣勢」，（第四章）

◎統獨不僅是優劣之對比，也是光明和黑暗勢力的較勁。終結獨派偽政權的，正

是這種光明正義的力量。（第五章）

◎給馬英九的「終統論」一個壓力，馬英九想在中國歷史上留下他的春秋大業，有一定的「春秋定位」，就在他的「終統論」有一定程度的實踐成果。（第六章）

◎厚顏無恥的人怎能領導台灣？講的是蔡小英、蔡十八啦！拿十八趴又反十八趴，執政時批准石化業，下台又反石化，這種政客上台是台灣的災難。（第七章）

◎中國統一的時機快到了，從大國興衰、國際政治、美國衰落、中國崛起、台島政情等，論述中國歷史的必然趨勢，統一要到，山都擋不住。（第八章）

◎本書之論述動機，不單單只為二〇一二年大選，乃投射於整個大未來，統派經營中國統一事業的大戰略要領，但畢境個人才疏學淺，蒭蕘之見，故以芻議供吾黨諸君參考。（第九章）

社論

民進黨憑什麼政黨輪替？

高雄市長陳菊函邀北京女孩趙星赴高雄自由行，屏東縣長曹啓鴻則剛從北京賣鳳梨回來。

在總統大選前，這兩個動作可視爲民進黨的設計事件，猶如二〇〇九高雄世界運動會前，陳菊親赴大陸示好，用意在向北京當局及台灣民衆演示「民進黨若再執政將延續前朝兩岸政策」。

這兩個動作亦顯示，兩岸的交流情勢，不論是自由行或ECFA，皆已跨過了不可折返點；民進黨非但不可能推翻，且反而必須回頭搶搭巴士。但自由行與ECFA卻是民進黨兩年多前焦土反對的議題，斥爲「木馬屠城」、「喪權辱國」；對比於陳曹二人今日的動作，一方面顯示民進黨的政策眼光竟短視至看不到兩年後，另一方面更顯示民進黨政策的反覆已至莫名其妙的地步。

然而，只憑這兩個動作就能向北京當局及台灣民衆演示「民進黨若再執政將延續前朝兩岸政策」嗎？問題沒有那麼簡單。如今，陳菊及曹啓鴻皆是地方政府首長，二人的兩岸動作，歡迎自由行及赴北京賣鳳梨，皆是在國民黨馬政府「九二共識，一中各表」及「不統、不獨、不武」的兩岸政策支撐下始能成立。倘若民進黨再執政而否棄了「九二共識」、「不統、不獨、不武」，則還會有ECFA嗎？還會有自由行嗎？

關鍵仍在「九二共識，一中各表」。如果民進黨再執政，則既否認「九二共識，一中各表」，卻將如何「延續前朝兩岸政策」？屆時，若不是民進黨受北京挾持而在壓力下讓步，就是兩岸翻臉，再度回到「聽其言，觀其行」的年代。倘係如此，政黨輪替即成兩岸的致命危機。

民進黨現今的總統大選兩岸政策似乎是：「除了九二共識、一中各表之外，其他一切都可延續前朝兩岸政策。」民進黨當然可以否認「九二共識，一中各表」，但必須拿出一個替代方案，要在「沒有九二共識」下，也保證能夠「延續前朝兩岸政策」。不可屆時竟被北京挾持，反而成爲北京當局的俎上魚肉；倘係如此，豈可政黨輪替？

反過來說，民進黨若再執政，倘仍維護ECFA等所謂「喪權辱國」的機制，且仍招徠所謂「木馬屠城」的自由行，更居然回頭承認了所謂「傾中賣台」的「九二共識，一中各表」，一概皆「延續前朝兩岸政策」；那麼，國民黨馬政府既是這套政策的開創者，「改變已經開始，改革不能中斷」，又何必政黨輪替，讓民進黨來「延續國民黨的兩岸政策」？

陳曹二人的動作，充分反映了民進黨的進退維谷。若要繼續反對馬政府的兩岸政策，卻已過了不可折返點；但若要拿香跟拜，則要如何收回「木馬屠城」、「傾中賣台」、「喪權辱國」那些無知無遠見的惡毒詛咒？國人皆在注目：且看民進黨能否提出一個超越馬政府的兩岸政策。

陳菊與曹啓鴻今日可以有此演出，皆因都是地方政府首長，也皆在「九二共識」的中央政府庇護下行事；何況，在「九二共識，一中各表」下，兩岸的最大利益，其實不在自由行與賣鳳梨，而在維繫了和平雙贏的大氛圍。如果民進黨再執政而不能對此一利益作出保證，何必政黨輪替？

衆所皆知，兩岸政策是國政的脊樑。台獨能ECFA嗎？台獨能自由行嗎？「扁李謝蘇獨」，沒有一個人承認「九二共識」，蔡英文尤然。蔡英文心中若想先打個馬虎眼，待選上總統再在「扁李謝蘇獨」、北京當局與台灣民衆之間決一生死勝負，這種荒唐的政治賭博在陳水扁時已一再發生，難道蔡英文還想把國家放上她的大選賭桌上？倘係如此，豈可政黨輪替？

沒有「九二共識」就沒有ECFA；沒有「一中各表」，就沒有自由行。民進黨、蔡英文、陳菊、曹啓鴻、扁李謝蘇獨，皆可反對「九二共識，一中各表」；但是，也應當負責地告訴國人，什麼是替代方案？否則，豈可政黨輪替？

一個不負責、專搞篡竊欺騙又貪腐的邪惡亂党，上台了！台灣沒明天。
聯合報．社論
二〇一一．六．八．

附錄：逸仙學會今昔

鄭義峰

民國九十二年十二月複，忽然接到夏教官電話告知本月七日（星期日），台北市連宋競選總部成立大會。地點是在八德路二段二三二號下午一時三十分。一點鐘在二女中公車站牌附近集合，台大逸仙學會有牌子作集合目標，通知大家參加盛會。

夏教官在台大退休時，四十八位教官中最後一位。他退伍時，留校服務，筆者民國七十年退休，迄今長達二十二年，當年，共事教官全已退盡，換了新人。

逸仙學會，只是台灣大學一百多個形形色色學生課外社團組織中之一。顧名思義，是研究國父思想，課外活動及學校三民主義科，都敦聘名教授輔導這個社團。回憶民國五十九年從景美女中調台灣大學服務，當時適逢張總教官，大刀闊斧整頓台大軍訓教育，除舊佈新，清理宿舍，加強僑生轉導，各院建立值勤制度，一切翻新，從頭做起。教官人事調動頻繁。筆者當時少校停階十四年，在景美女中服務晉升中校，職務必須調整，調來台大，當時台大教官補充困難，老教官調任台大，意願不高，究其原因，工作推展不易，張總教官要求嚴酷。記得第一次到台大報到，晉見時第一句即說，景美女中訓導處魯主任，與我鄰居，數度來訪，她對你很器重，極為推崇，台大老教官舊習難改，不願留下工作的，都將調職，先派你到十四僑生宿舍，原幹校一期楊教官已退休離職，你去接他工作，有困難直接向本人報告。

當時是閻校長、俞訓導長及陳課外組長，都是黨內同志，在那個時期，隸屬於北區知青黨部第一黨部，系所編為區分部，校總區及學院，編成直屬小組。各院設主任教官一人，教官則分配各系或兩系任系教官，兼任該系學生區分部輔導員。當時筆者被派理學院數學系及地質系教官。即兼任第廿一四區分部輔導員，訓導處課外組辦理團務各項課外活動，並派二位教官長駐課外組辦理團務。另推薦退休教官協助逸仙學會處理學生區分部業務。那時台大學生課外活動非常活躍，適逢蔣經國先生擔任行政院長，王將軍擔任總政戰部主任，當時國際情勢也起劇烈變化。美國承認中共，中華民國基於漢賊不兩立，退出聯合國。台大學生老師相繼也發生哲學系事件、釣魚台事件、反美遊行、校內學生靜坐活動。卻忙了這些台大軍訓教官。學生群中也有兩種不同意識型態產生，追求民主，反對威權，打破現狀，追求理想。每年選舉代聯會學生主席，兩派人馬競爭劇烈。

即能體會思想觀念發生衝突，就在此時學生群中在激烈激蕩下，培育出不少人才，如馬英九、陳水扁、馮滬祥、郁慕明、趙少康、羅文嘉、林火旺、陳師孟，目前頗負盛名丁庭宇就是當時地質系學生。

退休迄今，二十二年，配住台大宿舍，黨籍仍保留在知青黨部，入黨四十週年，由當時台大孫校長頒給銀質紀念章，在我腦海記憶猶新。當夏教官告知逸仙學會通知九十二年十二月七日下午參加連宋競選總部成立大會，雖將屆八十高齡，也要站在逸仙學會旗幟下，二〇〇四年總統大選，我們絕對沒有輸的本錢。輸了，中華民國倫喪為歷史，台灣共和國登場，重演一次台灣歷史悲劇。

當天下午一時即到達八德大樓前臨時搭建舞台，安裝大螢幕看板，沿八德路插滿青天白日紅國旗及標語，拼和平、拼經濟、救台灣。強力播放愛國歌曲，各縣市遊覽車載滿熱情擁護連宋選民：「同志們，號角已吹，戰鼓已響，為打贏美好一仗，請你們相約親朋友好，全的支持，全力參加，連宋一定會旗開得勝。」筆者在會場轉了幾圈，不見到逸仙學會旗子或牌子，又回到二女中公車牌等待，站牌後方有個小公園，名叫進安公園。就坐在公園亭子休息，可以看到八德路及各路專車在此下車，集合隊伍，走進大會場。套後看到夏教官匆匆走過，即快步向前，詢問逸仙學會在何處集合，他急忙地說，你不要走動，就在此地等候，現在我到處找人去，牌子在上頭集合，會經過這裡。我回到亭子休息，一面想現在逸仙學會，即是台大知青黨部第一黨部代號，自從蔣先生去世，李登輝接掌政權，逸仙學會逐漸發生變化，最主要群龍無首，組織鬆懈，學校對軍訓教育政策發生變化，救國團名稱主旨逐漸變革，新的意識型態逐步抬頭。那時筆者雖從台大退休，但配住台大宿舍，黨籍仍保留在知青黨部。無形中停止了活動，但到了八十七年，台大逸仙學會會員大會邀請函即可說明一切狀況。

但是到八十八年會務報告重新調整組織，當時李登輝利用國民黨、出賣國民黨、踐踏國民黨，他承認在執政期中，一直在掌握矛盾情勢，進行急烈鬥爭，事後還得意地說，這是他有計劃做法，看不出他用心的人是「傻瓜」。但當時逸仙學會，也曾受到重大影響，但「疾風知勁草，板蕩識英雄」。逸仙學會在真空狀態中，重整組織，這一段事蹟，真是鐵肩擔道義，下列一段會務報告，應留下真跡，以勵來者，會務報告內容如左：

本會去年票選主任委員後到九月全部義工辭職，使逸仙學會真空。無校內同仁老師參加。僅留第四組張中丞先生守會。直到今年三月開始禮聘何主任委員，加上義工群如陶執行長及曾（第一組）總幹事，王（第二組）總幹事，茅（第一組）副總幹事及丁駐會委員的加入。至今已滿三月報告成績。

工作幹部名單：

主任委員何憲武、執行長陶錫珍、駐會委員丁一倪、一組總幹事曾漢塘、一組副總幹事茅增榮、二組總幹事王友慈、四組總幹事張中丞。

各院聯誼會召集人：

文學院：張靜二　理學院：陳汝勤　法、管學院：包宗和、馮燕　醫、公衛學院：劉華昌　工、電機學院：李嗣涔　農學院：羅漢強　直屬小組：竇松林、黃滬生。

一、建立黨員聯絡網：

（一）小組、區黨部

（二）各會召集人

1. 女聯會：黃璉華教授
2. 教師會：丁一倪教授
3. 職聯會：茅增榮主任
4. 教聯會：羅漢強教授
5. 退休人員聯誼會：宣家驊總教官
6. 溪頭實驗林聯絡人：王亞男處長

7.革命實踐研究院聯誼會：包宗和主任、陸雲教授、譚天錫委員等三組。

二、幹部訓練及教育：

三、吸收新黨員：舉辦參觀、服務及訪問等活動以吸收新黨員。

四、服務校園及社區：

五、聯誼活動：參訪中央黨部、陽明山郊遊。

六、病困同志慰問：

民國八十九年，政權輪替，逸仙學會走進另一段歷史，中國國民黨主席下台，黨全面改造。辦理黨員經總登記，當時筆者基於國家興亡，匹夫有責，逸仙學會知青黨部舉辦黨員總登記，廣納建言，當時也寫一篇黨員總登記有感一文，寄給逸仙學會，有否發生一點力量或作用，不得而知，但目前全部黨員都歸地方黨部管理，已成事實，把當時建議全文，抄誌如下：

黨員總登記有感

此次黨員總登記主旨：為便利未來本黨主席直選，黨內初選作業與落實黨員福利與服務工作，乃辦理此次黨籍總檢查暨黨員總登記。

高中時代（民國二十八年），參加青年團，民國三十二年參加第一期青年軍，黨團合併，加入國民黨，共參加二次黨籍總登記，第一次是大陸淪亡退守台灣金馬。第二次，失去政權。百年老店，竟被黨主席出賣，黨內精英，全被趕盡除絕。黨中央迄今，仍暈然不覺，還有主管總檢同志，親自恭請被基層黨員趕下台黨主席登記成永久黨員，豈不成大笑話。主席直選與黨員福利落實，均與總登記無關，黨籍總檢，看重組織重組，反對台獨，中央委員，革心洗面，痛定思痛，浴火重生，才是正途。建議三點：

一、組織重組：組織歸鄰里，依行政區域編組，民主時代，地方首長，依選舉產生，尤其失去政權後，機關團體所建立黨部，全已失去功用，全部撤除。歸編各地區黨部。

二、人才由下而上產生，鄉鎮代表、縣市議員、省及中央委員，將來要想當官的，必經此職務中選拔競選，則對民情、才能、社會、國際觀，從基層工作中，觀察提拔，其他專才從考試產生，徹底消滅用人唯「財」，建立用人唯「才」管道。

三、黨隨時代任務人民需要，經濟發展，號召群眾。

1. 反對台獨。
2. 和平統一。
3. 開放三通。
4. 開放旅遊。

5. 遞減國防預算。
6. 增加老人福利。
7. 發行黨營事業股票。
8. 建立現代政黨經濟公平競爭制度。

此時政權輪替，黨中央大改造。連戰同志推選擔任主席，政黨退出軍隊學校，所以台大逸仙學會也遷出校園，到新生南路三段十二樓辦公。重新規劃台大逸仙學會組織章程，真正蛻變純學術團體。

九十二年四月十一日，台大逸仙學會會員大會通過學會組織章程。

本黨經改造後，即編入地方黨部，大多數歸屬於台北市第六區黨部，九十二年十二月通知參加台北市第六區黨部建黨一〇九周年黨慶大會，頒給本人參加本黨滿六十年榮譽狀一張，金質獎章一枚。逸仙學會真正成一個學術研究社團了。其組織章程如後。

今天筆者獨自坐此小公園涼亭，參加逸仙學會連宋競選總部成立大會，在我想像中，必定有一大隊會員來參加，但是遲遲不見隊伍，最後一刻，只見逸仙學會一面大字牌，一人撐著前來，四週卻是六面新黨旗幟護送。從八德路緩緩走進會場，從台大退休達二十二年，那面牌子仍保持原狀。我站在路旁順手照一張相片，撐旗已不熟悉，沒有隊跟

台大逸仙學會組織章程

本章程於90、04、21第一次會員大會通過制訂
91、04、26第一次修訂

第一章 總 則

第一條：（名稱）
本會定名為「台大逸仙學會」。
第二條：（宗旨）
本會以關心社會福祉、促進學術交流、增進會員情感與照顧會員福利為目的。
第三條：（會址）
本會設於台北市中山南路十一號三樓。
第四條：（任務）
一、推展學術性活動。
二、關懷校園議題。
三、就重大社會議題提供建言。
四、舉辦聯誼活動。
五、其他。

第二章 會 員

第五條：（會員資格）
凡中國國民黨黨員，曾服務或就學於台灣大學，經申請得為本會會員。
第六條：（會員權利）
一、出席會員大會。
二、會內各項選舉或被選舉權。
三、參與本會舉辦之各種活動。
四、其他會員應享之權利。
第七條：（會員義務）
一、遵守本會規章。
二、擔任本會選派之職務或臨時性任務。
三、其他應盡之義務。
第八條：（會員資格之喪失）
一、喪失黨籍經本會確定者。
二、有損本會形象者。
三、書面聲明退會者。

第三章 組 織

第九條：（組織）
本會設會員大會及委員會。
第十條：（會員大會）
一、每年召開會員大會一次。
二、經十分之一會員要求或委員會決議得召開臨時會員大會
第十一條：（會員大會之職權）
一、選舉會長及委員。
二、修改本會章程。修改章程時應有全體有效會員過半數以上出席出席會員三分之二以上之同意。
三、其他重要事項之決定。
第十二條：（委員設置）
一、由會員大會選舉會長一人、委員八人，共同組成委員會，並由會長擔任召集人。
二、本會設執行長一人，由會長提名經委員會同意後聘任之，協助會長綜理會務。
三、會長及委員任期兩年，得連選連任。
第十三條：（工作小組）
本會視工作需要設置若干工作小組。

第四章 經 費

第十四條：（經費來源與支用）
一、會務基金及孳息。
二、捐贈及補助款。

第五章 附 則

第十五條：（本章程之施行）
本章程經會員大會通過後施行，修正時亦同。

隨，進入會場。筆者從旁也擠入場中，遇見蔣教官，向我打招呼，他告知，他早就來到會場，就是找不到逸仙學會，連夏教官都沒有碰見。我說逸仙學會已經入場，在旗海中不易發現那面小牌子。我倆經詳細搜索，擠入會場，就在牌子前照一張照片留念，我已高齡，不能站太久，也難適應高分貝播音，提前離開會場。但從現在逸仙學會目前狀況，新會員對於新組織尚未發生新的表現。也就是說，這四年來政權輪替後台灣大學，逸仙學會新會員，沒有參加政治選舉活動，只見到三位老教官到場。可能其他到場已不認識，這說明政黨已退出校園。

九十二年十二月三十日，上午九時，台大召開退休教職員工聯誼會，在會場中接到逸仙學會通知函如下：

本人依照元月六日準時到會場，會場設在中央黨部大廳，會場架設大螢幕，台大老教授老會員及二十年前退休老教官、老教職員工，還帶子女來參加聯誼，大廳中坐滿了會員，最主要來了兩位貴賓，閒話家常，那就是連夫人及宋夫人。新黨及親民黨幾位前輩都來參加，擔任逸仙學會主席也非常幽默輕鬆，還抱著小朋友上場。像一個溫馨大家聚會，會場後方，還擺滿了豐盛小點心，供會員隨意取用，及贈送書刊。這個聯誼會，生動而溫馨，留下深刻印象。兩位主席夫人，都有動人的報告，尤其林益世先生幽默的

敬致逸仙會員、會友：

世紀之交的政權轉移，將台灣社會推入一場浩劫，民粹殘害民主，虛偽淹沒真實，仇恨吞噬和平與愛，執政者唯權是圖，玩法弄術，治國無方，卻使社會充斥是非不分的價值，種下台灣無限沈淪之危機。

台灣的轉機只有寄託於再一次政權轉移，這更是中華民國存續的唯一機會。值此浩劫，我輩逸仙人莫不深刻體認團結、奮鬥之重要，因此敬邀會員、會友先進，凡認同中山先生之理念，無論黨派，於九三年元月六日逸仙聯誼晚會共商大計，並於九三年元月十四日成立台大連宋之友會，表達知識界對連宋最高度支持，後續並將以國政論壇方式提出政策建言。

我們務需結合每一分力量，期待您的參與：

台大逸仙聯誼晚會，九三年元月六日下午六時於國民黨中央黨部 101 室
(中山南路十一號，近信義、仁愛路口)

台大連宋之友會，九三年元月十四日下午 5：30 於台大第二活動中心(B1)
(羅斯福路四段 85 號，近基隆路口；唯配合連宋行程，敬請儘早出席)

台大逸仙學會　敬邀

附記：一、歡迎攜眷並請協助本會聯繫志同道合之同仁出席，另請傳回回條。

二、除連宋外，兩次活動另邀請三黨高層出席，與談選情。(敬備餐點、紀念品)

三、日後針對選情意見，敬請註明「逸仙來函」，利用以下管道傳送：

(一)連戰網址：http://www.lien.org.tw，中央黨部青年部傳真：02-23433163

(二)本會電子信箱：yurc@ntu.edu.tw 及 hwlin@ntu.edu.tw

本會傳真專線：02-23622928

比喻，他說，台大培育出不少人才，及帥哥美女，如馬英九、連戰、連夫人，但也教出一些自以為是、狂妄自大狂人，硬拗與世抗衡人物，引來不少掌聲。

九十三年十四日下午五時在台大學生第二活動中心（B1）成立台大連宋之友會，並舉行授旗儀式。在地下一樓廣大會堂舉行，可容納五佰人會議廳全坐滿了，所有來賓，多年退休老教授、老校友，多位退休老校長、院長、老工友，還有許多這一代年青人，集聚一堂。如司儀先生所報告，這是台灣大學創校以來第一次盛會，與筆者那天只看到一人撐著逸仙學會進場感傷不同，正適合中國人一句成語，「老驥伏櫪，志在千里」、「不鳴則已，一鳴驚人」，逸仙學會，學者老教授，追求真理，深究中國文化，當吾人正在會場進行貴賓致詞，國政論壇之時，場外部份異議份子反對抗議，但場內絲毫不受影響，蜉蝣焉能撼大樹。散會時全體出席簽名通過「全球化思考，民主化行動草案」留作歷史見證。

陳福成生命歷程與創作年表（只記整部出版著作）

民國四十一年（一九五二）一歲

△元月十六日，生於台中縣大肚鄉，陳家。

民國四十八年（一九五九）八歲

△九月，進台中縣大肚國民小學一年級。

民國四十九年（一九六〇）九歲

△夏，轉台中市太平國民小學一年級。

民國五十年（一九六一）十歲

△春，轉台中縣大雅國民小學六張犁分校二年級。

年底搬家到沙鹿鎮，住美仁里四平街。

民國五十一年（一九六二）十一歲

△轉台中縣新社鄉大南國民小學三年級（月不詳）。

民國五十四年（一九六五）十四歲

△六月，大南國民小學畢業。

△九月，讀東勢工業職學學校初中部土木科一年級。

△是年，開始在校刊《東工青年》發表作品。

民國五十七年（一九六八）十七歲

△六月，東工第一名畢業，獲縣長王子癸獎。

△八月三十一日，進陸軍官校預備班十三期。

持續在校刊發表作品，散文、雜記等小品較多。

民國五十九年（一九七〇）十九歲

△春，大妹出車禍，痛苦萬分，好友王力群、鍾聖錫、劉建民、虞義輝等鼓勵下接受基督洗禮。

民六〇年（一九七一）二十歲

△六月，預備班十三期畢業。

△七月，同好友劉建民走橫貫公路（另一好友虞義輝因臨時父親生病取消）。

△八月，升陸軍官校正期班四十四期。

△年底，萌生「不想幹」企圖，四個死黨經多次會商，一直到二年級，未果，繼續

讀下去。

民六十四年（一九七五）二十四歲

△四月五日，蔣公逝世，全連同學宣誓留營以示效忠，僅我和同學史同鵬堅持不留營。（多年後國防部稱聲那些留營都不算）

△五月十一日（母親節），我和劉、虞三人，在屏東新新旅社訂「長青盟約」。

△六月，陸軍官校四十四期畢業。

△七月，到政治作戰學校參加「反共復國教育」。

△九月十九日，乘「二二九」登陸艇到金門報到，任金防部砲指部斗門砲兵連中尉連附。

民國六十五年（一九七六）二十五歲

△醉生夢死在金門度過，或寫作打發時間，計畫著如何可以「下去」（當老百姓去），考慮「戰地」軍法的可怕，決定等回台灣再看情況！

民國六十六年（一九七七）二十六歲

△春，輪調回台灣，在六軍團砲兵六〇〇群當副連長。駐地桃園更寮腳。

△五月，決心不想幹了，利用部隊演習一走了之，當時不知道是否逃亡？發生「逃官事件」，險遭軍法審判。

△九月一日，晉升上尉，調任一九三師七七二營營部連連長，不久再調任砲連連長，駐地中壢。

△十一月十九日，「中壢事件」，情勢緊張，全連官兵在雙連坡戰備待命。

民國六十七年（一九七八）二十七歲

△七月，全師換防到馬祖，我帶一個砲兵連弟兄駐在最前線高登（一個沒水沒電的小島），島指揮官是趙繩武中校。

△十二月十五日，美國宣佈和中共建交，全島全面備戰，已有迎戰及與島共存亡的心理準備，並與官兵以「島在人在，島失人亡」共盟誓勉。

民國六十八年（一九七九）二十八歲

△十一月，仍任高登砲兵連連長。下旬返台休假並與潘玉鳳小姐訂婚。

民國六十九年（一九八〇）二十九歲

△七月，換防回台，駐地仍在中壢雙連坡。

△十一月，卸連長與潘玉鳳結婚。

民國七〇年（一九八一）三十歲

△三月，晉升少校（一九三師）

△七月，砲校正規班結訓。

△八月，轉監察，任一九三師五七七旅監察官。（時一九三師衛戍台北，師長李建中將軍）。

民國七十一年（一九八二）三十一歲

△三月，仍任一九三師五七七旅監察官。駐地在新竹北埔。

△現代詩「高登之歌」獲陸軍文藝金獅獎。當時在第一士校的蘇進強上尉，以「青青子衿」拿小說金獅獎。很可惜後來走上台獨路，不知可還有臉見黃埔同學否？

△長子牧宏出生。

△年底，全師（193）換防到馬祖北竿。

民國七十二年（一九八三）三十二歲

△六月，調任一九三師政三科監察官（馬祖北竿，師長丁之發將軍）

△十二月，調陸軍六軍團九一兵工群監察官。

民國七十三年（一九八四）三十三歲

△十一月，仍任監察官。

△父喪。

民國七十四年（一九八五）三十四歲

△四月，長女佳青出生。
△六月，〈花蓮十日記〉（台灣日報連載）。
△八月，調金防部政三組監察官佔中校缺，專管工程、採購。（司令官宋心濂上將）
△九月，「部隊管教與管理」獲國防部第十二屆軍事著作金像獎。
△今年，翻譯愛倫坡（Edgar Allan）恐怖推理小說九篇，並在偵探雜誌連載，多年後才正式出版。

民國七十五年（一九八六）三十五歲

△元旦，在金防部監察官晉任升中校，時金防部司令官趙萬富上將。
△六月，考入政治作戰學校政治研究所第十九期三研組。（所主任孫正豐教授、校長曹思齊中將）
△八月一日，到政治作戰學校研究所報到。

民國七十六年（一九八七）三十六歲

△元月，獲忠勤勳章乙座。
△春，「蔣公憲政思想研究」獲國民黨文工會學術論文獎。
△九月，參加「中國人權協會」講習，杭立武當時任理事長。
△今年，翻譯愛倫坡小說五篇，並在偵探雜誌連載，多年後才正式出版。

民國七十七年（一九八八）三十七歲

△六月，政研所畢業，碩士論文「中國近代政治結社之研究」。到八軍團四三砲指部當情報官。

△八月，接任第八團四三砲指部六〇八營營長，營部在高雄大樹，準備到田中進基地。（司令是王文燮中將、指揮官是涂安都將軍）

民國七十八年（一九八九）三十八歲

△四月，輪調小金門接砲兵六三八營營長。（大砲營）（砲指部指揮官戴郁青將軍）

△六月四日，「天安門事件」前線情勢緊張，前後全面戰備很長一段時間。

民國七十九年（一九九〇）三十九歲

△七月一日，卸六三八營營長，接金防部砲指部第三科作戰訓練官。

△八月一日，伊拉克入侵科威特，海峽情勢又緊張，金門全面戰備。

民國八〇年（一九九一）四〇歲

△元月、二月，波灣戰爭，金門仍全面戰備。

△三月底，輪調回台南砲兵學校任戰術組教官。（指揮官周正之中將）（以後的軍職都在台灣本島，我軍旅生涯共五次外島，金門三，馬祖二。）

民國八十一年（一九九二）四十一歲

△三月，參加陸軍協同四十五號演習。
△六月，考入三軍大學陸軍指參學院。（校長葉昌桐上將、院長王繩果中將）
△七月四日，到大直三軍大學報到。

民國八十二年（一九九三）四十二歲

△六月十九日，三軍大學畢業，接任花東防衛司令部砲指部中校副指揮官，時中校十一級。（指揮官是同學路復國上校，司令官是畢丹中將）
△九月，我們相處的很好，後來我離職時，同學指揮官送我一個匾，上書「運籌帷幄，決勝千里」。可惜實際上沒有機會發揮，只能在紙上談兵，在筆下論戰，幾年後路同學升少將不久也退伍了。調原單位司令部第三處副處長。
△這年經好同學高立興的努力，本有機會調聯訓部站一個上校缺，卻因被一個姓「朝鮮半島」的同學「穿小鞋」，功敗未成，只好持續在花蓮過著如同無間地獄的苦日子。

民國八十三（一九九四）四十三歲

△二月，考取軍訓教官，在復興崗受訓。（教官班四十八期）
△四月，到台灣大學報到，任中校教官。當時一起來報到的教官尚有唐瑞和、王潤身、劉亦哲、吳曉慧共五人。總教官是韓懷豫將軍。

△四月，老三佳莉出生。她的出生是為伴我中老年的寂寞，從她出生到小三，洗澡換尿片三更半夜喝奶，全我包辦，三個孩子只有她和我親近。

△七月，母喪。

△十一月，在台大軍官團提報「一九九五閏八月的台海情勢」廣受好評。

民國八十四年（一九九五）四十四歲

△六月，「閏八月」效應全台「發燒」。

△《決戰閏八月——中共武力犯台研究》一書出版（台北：金台灣出版社）。本書出版後不久，北京《軍事文摘》（總第59期），以我軍裝照為封面人物，大標題以「台灣軍魂陳福成之謎」，在內文介紹我的背景。

△七月，開始編寫各級學校軍訓課程「國家安全」教材。

△十二月，《防衛大台灣——台海安全與三軍戰略大佈局》一書出版：（台北：金台灣出版社）

民國八十五年（一九九六）四十五歲

△元月，為撰寫軍訓課本「國家安全」，本月十一日偕台大少校教官陳梅燕拜訪戰略家鈕先鍾先生，主題就是「國家安全」。（訪問內容後來發表在「陸軍學術月刊第375、439期」

△三月，擔任政治大學民族系所講座。（應民族系系主任林修澈教授聘請）。
△《孫子實戰經驗研究》一書，獲中華文化總會學術著作總統獎，獎金五萬元。
△《國家安全》幼獅版，納入全國各級高中、職、專科、大學軍訓教學。
△四月，考上國泰人壽保險人員證。
△九月，佔台灣大學上校主任教官缺。
△榮獲全國軍訓教官論文優等首獎，《決戰閏八月》。

民國八十六年（一九九七）四十六歲

△元旦，晉升上校，任台大夜間部主任教官。
△七月，開始在復興廣播電台「雙向道」節目每週一講「國內外政情與國家安全」（鍾寧主持）。
△八月，《國家安全概論》（台灣大學自印自用，不對外發行。）
△十二月，《非常傳銷學》出版。

民國八十七年（一九九八）四十七歲

△是年，仍在復興電台「雙向道節目」。
△五月，在台大學生活動中心演講「部落主義及國家整合、國家安全之關係」。
△十月十七日，籌備召開「第一屆中華民國國防教育學術研討會」（凱悅飯店，本

會在淡江大學戰略所所長翁明賢教授指導下順利完成，工作夥伴除我之外，尚有輔仁大學楊正平、文化大學李景素、淡江大學廖德智、中央大學劉家楨、東吳大學陳全、中興法商鄭鴻儒、華梵大學谷祖盛（以上教官）、淡江大學施正權教授。）我在本會提報論文「論國家競爭優勢與國家安全」（評論人：台灣大學政治系助理教授楊永明博士），本論文為銓敘部公務人員學術論文獎，後收錄在拙著《國家安全與情治機關的弔詭》一書。

△七月，出版《國家安全與情治機關的弔詭》（台北：幼獅出版公司）。

民國八十八年（一九九九）四十八歲

△二月，從台灣大學主任教官退休，結束三十一年軍旅生涯。

「化敵為我，以謀止戰」（小說三十六計釜底抽薪導讀，與實學社總編輯黃驗先生對談。）；考上南山人壽保險人員證。

△四月，應國安會虞義輝將軍之邀請，擔任國家安全會議助理研究員。（時間約一年多，每月針對兩岸關係的理論和實務等，提出一篇研究報告（論文）。

民國八十九年（二〇〇〇）四十九歲

△三月，《國家安全與戰略關係》出版（台北：時英出版社）。

△四、五、六月，任元培科學技術學院進修推廣部代主任。

△六月一日，在高雄市中山高中講「兩岸關係及未來發展——兼評新政府的國家安全構想」（高雄市軍訓室軍官團）

△十一月，與台灣大學登山會到石鹿大山賞楓。

△十二月，與台灣大學登山會到司馬庫斯神木群。

民國九〇年（二〇〇一）五十歲

△五月四到六日，偕妻及一群朋友登玉山主峰。

△六月十六、十七日，參加陸軍官校建校七十七週年校慶並到墾丁參加44期同學會。

△十月六日，與台大登山隊到晒牛山。

△十二月，《解開兩岸十大弔詭》出版（台北：黎明出版社）。

△十二月八到九日，登鎮西堡、李棟山。

△十二月二二到二三日，與台大登山隊走霞克羅古道。

民國九十一年（二〇〇二）五十一歲

△去年至今，我聽到三位軍校同學過逝，甚有感慨，我期至今才約五十歲。想到學生時代很要好的同學，畢業已數十年，怎都「老死不相往來」，我決定試試，召集住台大附近（半小時車程），竟有七人（含我）來會，解定國、高立興、陳鏡培、童榮南、袁國台、林鐵基。這個聚會一直持續下去，後來我定名「台大周邊

地區陸官44期微型同學會」（後均簡稱「44同學會」第幾次等。
△二月，《找尋一座山》現代詩集出版，台北，慧明出版社。
△二月十二到十四日，到小烏來過春節，並參訪赫威神木群。
△二月二三到二四日，與台大登山會到花蓮兆豐農場，沿途參拜大理仙公廟。
△四月七日，與山虎隊登夫婦山。
△四月十五日，在范揚松先生的公司第一次見到吳明興先生（當代兩岸重要詩人、作家），二十多年前我們曾一起在「腳印」詩刊發表詩作，未曾謀面。
△四月二十一日，與台大隊登大桐山。
△四月三十日，在台大鹿鳴堂辦第二次44同學會：我、解定國、袁國台、高立興、周念台、林鐵基、童榮南。
△五月三到五日，與台大隊登三叉山、向陽山、嘉明湖。（回來後在台大山訊發表紀行一篇）。
△六月二一到二三日，與苗栗三叉河登山隊上玉山主峰（我的第二次）。
△七月第一週，在政治大學參加「社會科學研究方法」研習營。（主任委員林碧炤）。
△七月十八到二一日，與台大登山會登雪山主峰、東峰、翠池。在「台大山訊」發表「雪山盟」長詩。

△八月二十日，與台大登山會會長張靜二教授及一行十餘人，勘察大溪打鐵寮古道、草嶺山，並到故總統經國先生靈前致敬。

△八月二九到九月一日，與山友十餘人登干卓萬山、牧山、卓社大山。（因氣候惡劣只到第一水源處紮營，三十一日晨撤退下山。）

△九月，《大陸政策與兩岸關係》出版（黎明出版社，九十一年九月）。

△九月二十四日，在台大鹿鳴堂辦第三次44同學會：我、高立興、童榮南、林鐵基、周念台、解定國、周立勇、周禮鶴。

△十月十八到二十日，隨台大登山隊登大霸尖山（大、小霸、伊澤山、加利山），在「台大山訊」發表「聖山傳奇錄」。

△十一月十六日，與台大登山隊登波露山（新店）。

民國九十二年（二〇〇三）五十二歲

△元月八日，第四次44同學會（在台大鹿鳴堂），到有：我、周禮鶴、高立興、解定國、袁國台、林鐵基、周立勇。

△元月八日，在台灣大學第一會議室演講「兩岸關係發展與變局」，併發表四本年度新書。（台大教授聯誼會主辦），除《解開兩岸十大弔詭》和《大陸政策與兩岸關係》兩書外尚有：《找尋一座山》（現代詩集，慧明出版）、《愛倫坡恐怖

小說選》。

△二月二十八日，應佛光人文社會學院董事會秘書林利國邀請，在宜蘭靈山寺向輔導義工演講「生命教育與四Q」。

△三月十五、十六日，與妻參加台大登山隊「榛山行」（在雪霸）。

△三月十八日，與曾復生博士在復興電台對談兩岸關係發展。

△三月十九日，到非政府組織（NGO）會館，參加「全球戰略新框架下的兩岸關係研討會」，由「歐洲文教基金會與黨外圓桌論壇」主辦。席間首次與前民進黨主席許信良先生閒談。晚間餐會與前立法委員朱高正先生和台大哲學系教授王曉波夫婦同桌，我和他們都是素昧平生。但兩杯酒一喝，大家就開始高談近代史事，朱委員酒量很好，可能有「千杯不醉」的境界。名片上印有「周易」文言：「夫大人者。與天地合其德。與日月合其明。與四時合其序。與鬼神合其吉凶。先天而天弗違。後天而奉天時。天且弗違。而況予人乎。況于鬼神乎。」，其境界更高。

△三月二十日，叢林一隻不長眼的「肥羊」闖進頂層掠食者的地盤，性命恐將不保；美伊大戰開打，海珊可能支持不了幾天。

△三月二十六日到三十日，隨長庚醫護人員及內弟到大陸，遊西湖、黃山。果然「上有天堂下有蘇杭」、「黃山歸來不看山」，我第一次出國竟是回國。歸程時SARS

開始流行，全球恐慌。

△四月三日到六日，同台大登山隊登雪白山，氣候不佳，前三天下雨。第一天宿司馬庫斯，第二天晨七時起程，沿途林相原始，許多千年神木，下午六時雪白山攻頂，晚上在山下紮營，第三天八點出發，神木如林，很多一葉蘭，下午過鴛鴦湖，五點到棲蘭。第四天參觀棲蘭神木，見「孔子」等歷代偉人，歸程。

△四月十二、十三日，偕妻與台大登山隊再到司馬庫斯，謁見「大老爺」神木群等。

△四月二十一日，第五次44同學會（在台大鹿鳴堂），到者：我、袁國台、解定國、林鐵基、周立勇。

△六月十四日，同台大登山隊縱走卡保逐鹿山，全程二十公里，山高、險惡、瀑布，螞蝗多。

△六月二十八日，參加中國文藝協會舉行「彭邦楨詩選」新書發表會。彭老已在今年三月病逝紐約，會中碰到幾位前輩作家，鍾鼎文、司馬中原、辛鬱、文曉村等人，還有年青一輩的賴益成、羅明河等。

△七月，《孫子實戰經驗研究》出版（黎明出版公司），本書是八十五年學術研究得將作品，獲總統領獎；今年又獲選為「國軍連隊書箱用書」，陸、海、空三軍各級，一次印量七千本。

△七月二十二日到八月二日，偕妻同一群朋友遊東歐三國（匈牙利、奧地利、捷克）。
△十月十日到十三日，登南湖大山、審馬陣山、南湖北峰和東峰。
△十一月，在復興電台鍾寧小姐主持的「兩岸下午茶」節目，主講「兵法・戰爭與人生」（孫子、孫臏、孔明三家）。
△十二月一日，第六次44同學會（台大鹿鳴堂），到有：我、林鐵基、童榮南、解定國、周念台、盧志德、高立興、劉昌明。

民國九十三年（二〇〇四）五十三歲

△二月二十五日，第七次44同學會（台大鹿鳴堂），到有：周立勇、高立興、童榮南、鍾聖賜、林鐵基、解定國、周念台、盧志德、劉昌明和我共10人。
△春季，參加許多政治活動，號召推翻台獨不法政權，三月陳水扁自導自演「三一九槍擊作弊案」。
△三月，《大陸政策與兩岸關係》出版，黎明出版社。
△五月二十八日，大哥張冬隆發生車禍，二週後的六月四日過逝。
△五月，《五十不惑》（前傳）出版，時英出版社。
△六月，第八次44同學會（台大鹿鳴堂），到有：我、周立勇、童榮南、林鐵基、解定國、袁國台、鍾聖賜、高立興。

△八月十一到十四日，參加佛光山第十二期全國教師生命教育研習營。

△十月十九日，第九次44同學會（台大鹿鳴堂），到有：我、童榮南、周立勇、高應興、解定國、盧志德、周小強、鍾聖賜、林鐵基。

△今年在空大講「政府與企業」，並受邀參與復興電台「兩岸下午茶」節目。

△今年完成龍騰出版公司《國防通識》（高中課本）計畫案合作伙伴有李文師（政大教官退）、李景素（文化教官退）、項台民（彰化高中退）、陳國慶（台大教官）。計有高中二年四冊及教師用書四冊，共八冊課本。

△十二月，《軍事研究概論》出版（全華科技），合著者九人：洪松輝、許競任、秦昱華、陳福成、陳慶霖、廖天威、廖德智、劉鐵軍、羅慶生，都是對國防軍事素有專精研究之學者。

民國九十四年（二〇〇五）五十四歲

△二月十七日，第十次44同學會（台大鹿鳴堂），到有：我、陳鏡培、鍾聖賜、金克強、解定國、林鐵基、高立興、袁國台、周小強、周念台、盧志德、劉昌明，共12人。

△六月十六日，第十一次44同學會（台大鹿鳴堂），到有：我、盧志德、周立勇、解定國、陳鏡培、童榮南、金克強、鍾聖賜、劉昌明、林鐵基、袁國台。

△八月，計畫中的《中國春秋》雜誌開始邀稿，除自己稿件外，有楊小川、路復國、廖德智、王國治、一飛、方飛白、郝艷蓮等多人。

△十月，創刊號《中國春秋》雜誌發行，第四期後改《華夏春秋》，實務行政全由鄭聯臺、鄭聯貞、陳淑雲、陳金蘭負責，妹妹鳳嬌當領導，我負責邀稿，每期印一千五百本，大陸寄出五百本。

△持續在台灣大學聯合辦公室當志工。

△今年仍在龍騰出版公司主編《國防通識》；上復興電台「兩岸關係」節目。

民國九十五年（二〇〇六）五十五歲

△元月《中國春秋》雜誌第二期發行，作者群有周興春、廖德智、李景素、王國治、路復國、一飛、范揚松、蔣湘蘭、楊小川等。

△二月十七日，第十二次44同學會（台大鹿鳴堂），到有：劉昌明、高立興、陳鏡培、盧志德、林鐵基、金克強和我共7人。

△四月，《中國春秋》雜誌第四期發行。

△六月，第十三次44同學會（台大鹿鳴堂），到有：我、周小強、解定國、高立興、袁國台、林鐵基、劉昌明、盧志德。

△七月到九月，由時英出版社出版中國學四部曲，四本約百萬字：《中國歷代戰爭

新詮》、《中國近代黨派發展研究新詮》、《中國政治思想新詮》、《中國四大兵法家新詮》。

△七月十二到十六日，參加佛光山第十六期全國教師生命教育研習營。

△七月，原《中國春秋》改名《華夏春秋》，照常發行。

△九月，《春秋記實》現代詩集出版，時英出版社。

△十月，第五期《華夏春秋》發行。

△十月二十六日，第十四次44同學會（台大鹿鳴堂），到有：我、金克強、周立勇、解立國、林鐵基、袁國台、高立興。

△十一月，當選中華民國新詩學會第二屆理事，任期到九十九年十一月十一日。

△《華夏春秋》第六期發行後，無限期停刊。

△高中用《國防通識》（學生課本四冊、教師用書四冊）逐一完成，可惜龍騰出版公司後來的行銷欠佳。

民國九十六年（二〇〇七）五十六歲

△元月三十一日，第十五次44同學會（中和天香回味鍋），到有：我、解定國、盧志德、高立興、林鐵基、周小強、金克強、劉昌明。

△二月，《國家安全論壇》出版，時英出版社。

△二月一日，到國防部資電作戰指揮部演講，主題「兩岸關係與未來發展：兼論台灣最後安全戰略的探索」。
△二月，《性情世界：陳福成情詩集》出版，時英出版社。
△三月十日，在「秋水詩屋」，與涂靜怡、莫云、琹川、風信子四位當代大詩人研究，幫我取筆名「古晟」。以後我常用這個筆名，有一本詩集就叫《古晟的誕生》。
△五月，當選中國文藝協會第三十屆理事，任期到一百年五月四日。
△五月十三日，母親節，與妻晚上聽鳳飛飛的演唱會，可惜二〇一二年初病逝，我為她寫一首詩「相約二十二世紀，鳳姐」。
△六月六日，第十六次44同學會（台大鹿鳴堂），到有：我、解定國、高立興、盧志德、周小強、金克強、林鐵基。
△六月十九日，榮獲中華民國新詩學會「詩運獎」，在文協九樓頒獎，由文壇大老鍾鼎文先生頒獎給我。
△十月，小說《迷情・奇謀・輪迴：被詛咒的島嶼》（第一集）出版，文史哲出版社。
△十月十六日，第十七次44同學會（台大鹿鳴堂），到有：我、周立勇、解定國、張安麟、林鐵基、盧志德。
△十月三十一日到十一月四日，參加由文協理事長綠蒂領軍，應北京中國文聯邀訪，

一行人有綠蒂、林靜助、廖俊穆、蘇憲法、李健儀、簡源忠、郭明福、廖繼英、許敏雄和我共10人。

△十一月七日，同范揚松、吳明興三人到慈濟醫院看老詩人文曉村先生。

△十二月中旬，大陸「中國文藝藝術聯合會」一行到文協訪問，綠蒂全程陪同，十六日由我陪同參觀故宮，按其名冊有白淑湘、李仕良等14人。

△十二月十九日，到台中拜訪詩人秦嶽，午餐時他聊到「海鷗」飛不起來了。

△十二月二十二日上午，在國父紀念館參加由星雲大師主持的皈依大典，成為大師座下臨濟宗第四十九代弟子，法名本肇。一起皈依的有吳元俊、吳信義、關麗蘇四兄姊弟，這是一個好因緣。

△十二月二十七日，《青溪論壇》成立，林靜助任理事長，我副之，雪飛任社長。

△十二月，有三本書由文史哲出版社出版：《頓悟學習》、《公主與王子的夢幻》、《春秋正義》。

民國九十七年（二〇〇八）五十七歲

△元月五日（星期六），第一次在醉紅小酌參加「三月詩會」，到民國一〇三年底退出。

△元月二十四到二十八日，與妻參加再興學校舉辦的海南省旅遊。

△二月十三日，到新店拜訪天帝教，做《天帝教研究》的準備。

△二月十九日，第十八次44同學會（新店富順樓），到有：我、高立興、解定國、林鐵基、盧志德、金克強、周小強。

△三月二日，參加「全國文化教育界新春聯歡會」，馬英九先生來祝賀，前台大校長孫震、陳維昭等數百人，文壇司馬中原、綠蒂、鍾鼎文均到場，盛況空前。這是大選的前奏曲。

△三月十二日，參加中國文藝協會理監事聯席會議。

△三月，《新領導與管理實務》出版，時英出版社。

△五月十三日下午二時，四川汶川大地震，電話問成都的雁翼，他說還好。

△六月十日，第十九次44同學會（在山東餃子館），到有：我、童榮南、高立興、解定國、袁國台、盧志德、金克強、張安祺。

△六月二十二日，參加青溪論壇社舉辦的「推展華人文化交流及落實做法」，我提報論文「閩台民間信仰文化所體現的中國政治思想初探」，其他重要提文報告人有林靜助、封德屏、陳信元、潘皓、台客、林芙容、王幻、周志剛、一信、徐天榮、漁夫、落蒂、雪飛、彭正雄。

△七月十八日，與林靜助等一行，到台南參加作家交流，拜訪本土詩人林宗源。

△七月二十三日到二十九日，參加佛光山短期出家。

△八月十五日到二一日，參加青溪新文藝學會理事長林靜助主辦「江西三清山龍虎山之旅」，並到九江參加文學交流會。同行者有我、林靜助、林精一、蔡雪娥、彭正雄、金筑、台客、林宗源、邱琳生，鍾順文、賴世南、羅玉葉、羅清標、吳元俊、蔡麗華、林智誠、共16人。

△十月十五日，第二十次44同學會（台大鹿鳴堂），到有：我、陳鏡培、解定國、盧志德、同小強、童榮南、袁國台、林鐵基、黃富陽。

△十一月三十日，參加「湯山聯誼會」，遇老師長陳廷寵將軍。

△今年有兩本書由文史哲出版社出版：《幻夢花開一江山》（傳統詩）、《一個軍校生的台大閒情》。

△整理這輩子所寫的作品手稿約一人高，贈台大圖書館典藏。

民國九十八年（二〇〇九）五十八歲

△二月十日，第二一次44同學會（台大鹿鳴堂），到有：我、袁國台、解定國、高立興、童榮南、盧志德、黃富陽。

△六月，小說《迷情・奇謀・輪迴：進出三界大滅絕》（第二集）出版，文史哲出版社。

△六月上旬，第二二次44同學會（台大鹿鳴堂），到有：我、林鐵基、童榮南、袁國台、高立興、解定國、金克強、盧志德。

△六月十七、十八日，參加台大「退聯會」阿里山兩日遊。

△十月，小說《迷情・奇謀・輪迴：我的中陰身經歷記》（第三集）出版，文史哲出版社。

△十月六日，第二三次44同學會（公館越南餐），到有：盧志德、解定國、林鐵基、金克強、周小強和我。

△十一月六到十三日八天，參加重慶西南大學主辦「第三屆華文詩學名家國際論壇」，後四天到成都（第一次回故鄉）。此行我提報一篇論文「中國新詩的精神重建」（約兩萬多字），同行者另有雪飛、林芙蓉、李再儀、台客、鍾順文、林于弘、林精一、吳元俊、林靜助。

△十一月二十八日，到國軍英雄館參加「湯山聯誼會」，老將郝伯村批判李傑失了軍人氣節。

△十二月，《赤縣行腳・神州心旅》（詩集）出版，秀威出版公司。

△今年有三本書由文史哲出版社出版：《愛倫坡恐怖推理小說》、《春秋詩選》、《神劍與屠刀》。

民國九十九年（二〇一〇）五十九歲

△元月二十三日，由藝文論壇社和紫丁香詩刊聯合舉辦，「陳福成小說《迷情・奇謀・輪迴》評論會」，在台北老田西餐廳舉行。提評論文有金劍、雪飛、許其正、狼跋、謝輝煌、胡其德、易水寒等七家，與會有文藝界數十人。會後好友詩人方飛白也提出一篇。

△三月一日，第二四次44同學會（台大鹿鳴堂），到有：我、周小強夫婦、解定國、袁國台、林鐵基、盧志德、曹茂林、金克強、黃富陽、童榮南共11人。

△三月三十一日，「藝文論壇」和「創世紀」詩人群聯誼，中午在國軍英雄館牡丹廳餐敘。創世紀有張默、辛牧、落蒂、丁文智、方明、管管、徐瑞、古月，八人與會；藝文論壇有林靜助、雪飛、林精一、彭正雄、鄭雅文、徐小翠和我共7人參加。

△四月二一到二二日，台大溪頭、集集兩日遊，「台大退聯會」主辦。

△六月，《八方風雨・性情世界》出版，秀威出版社。

△六月八日，第二五次44同學會（台大鹿鳴堂），到有：我、金克強、郭龍春、解定國、高立興、童榮南、袁國台、林鐵基、盧志德、周小強、曹茂林，共11人。

△八月十七到二十日，參加佛光山「全國教師佛學夏令營」，同行有吳信義師兄等

多人。

△十月五日，第二六次44同學會（今起升格在台大水源福利會館），到有：曹茂林、解定國、童榮南、林鐵基、盧志德、周小強和我共7人。

△十月二六日到十一月三日，約吳信義、吳元俊兩位師兄，到山西芮城拜訪尚未謀面的劉焦智先生，我們因看「鳳梅人」報結緣。

△十一月，《男人和女人的情話真話》（小品）出版，秀威出版社。

△今年有四本書由文史哲出版社出版：《洄游的鮭魚》、《古道・秋風・瘦筆》、《山西芮城劉焦智鳳梅人報研究》、《三月詩會研究》。

民國一〇〇年（二〇一一）六十歲

△元月，小說《迷情・奇謀・輪迴》合訂本出版，文史哲出版社。

△元月二日，當選中華民國新詩學會第十三屆理事、任期到一〇四年一月一日。

△元月十日，第二七次44同學會（台大水源福利會館），到有：我、黃富陽、高立興、林鐵基、周小強、解定國、童榮南、曹茂林、盧志德、郭龍春共10人。

△二月，《找尋理想國》出版，文史哲出版社。

△二月十九日，在天成飯店參加「中國全民民主統一會」會員代表大會，吳信義、吳元俊兩位師兄也到，會場由王化榛會長主持。會中遇到上官百成先生，會後我

寫一篇文章「遇見上官百成：想起上官志標和楊惠敏」，刊載《新文壇》雜誌（26期，一〇一年元月）。

△三月二二日，上午參加「台大退聯會」理監事聯席會議。

△三月二五日，晚上在台大校總區綜合體育館開「台大逸仙學會」，林奕華也來了，認識她很久了，每回碰到她都很高興。

△四月，《我所知道的孫大公》（黃埔28期）出版，文史哲出版社。

△四月，《在鳳梅人小橋上：中國山西芮城三人行》出版，文史哲出版社。

△五月五日，參加緣蒂在老爺酒店主的「中國文藝協會三十一屆理監事會」，同時當選理事，任期到一〇四年五月五日。與會者如以下這份「原始文件」：

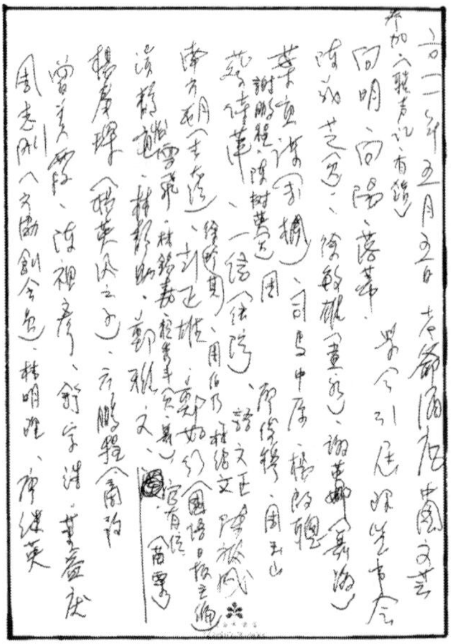
一〇一年五月五日 老爺酒店 中國文藝協會

△五月，《漸凍勇士陳宏傳》出版，文史哲出版社。
△六月，《大浩劫後》出版，文史哲出版社。
△六月三日，第二八次44同學會（台大水源福利會館），到有：我、郭龍春、解定國、高立興、童榮南、林鐵基、盧志德、周小強、黃富陽、曹茂林、桑鴻文共11人。
△六月十一日，到師大參加「黃錦鋐教授九秩嵩壽華誕聯誼茶會」，黃伯伯就住我家樓上，他已躺了十多年，師大仍為他祝壽，真很感人。
△七月，《台北公館地區開發史》出版，唐山出版社。
△七月七到八日，與妻參加台大退聯會的梅峰、清境兩日遊。
△七月，《第四波戰爭開山鼻祖賓拉登》出版，文史哲出版社。
△八月，《台大逸仙學會》出版，文史哲出版社。
△八月十七到二十日，參加佛光山「全國教師佛學夏令營」，主題「增上心」。
△九月九日到二十日，台客、吳信義夫婦、吳元俊、江奎章和我共六人，組成「山西芮城六人行」，前兩天先參訪鄭州大學。
△十月十二日，第二九次44同學會（台大水源福利會館），到有：我、黃國彥、解定國、高立興、童榮南、袁國台、林鐵基、周小強、金克強、黃富陽、郭龍春、桑鴻文、盧志德、曹茂林，共14人。
△十月十四日，邀集十位佛光人中午在台大水源會館雅聚，這十人是范鴻英、刑筱

容、陸金竹、吳元俊、吳信義、江奎章、郭雪美、陳雪霞、關麗蘇。

△十一月十日，台大社團晚會表演，在台大小巨蛋（新體育館），由我吉他彈奏，吳普炎、吳信義、吳元俊、周羅通和關麗蘇合唱三首歌，「淚的小花」、「茉莉花」、「河邊春夢」。

民國一〇一年（二〇一二）六十一歲

△元月四日，第三十次44同學會（台大水源福利會館），到有：我、桑鴻文、高立興、林鐵基、解定國、童榮南、袁國台、盧志德、金克強、曹茂林、郭龍春、陳方烈。

△元月十四日，大選・藍營以689萬票對綠營609萬票，贏得有些辛苦。基本上「九二共識」、「一中各表」已是台灣共識。

△《中國神譜》出版（文史哲出版社，二〇一二年元月）。

△二月，寫一張「保證書」給好朋友彭正雄先生，把我這輩子所有著作全送給他，由他以任何形式、文字，在任何地方出版發行。這是我對好朋友的回報方式。

△二月，開始規畫、整理出版《陳福成文存彙編》，預計全套八十本（總字數近千萬），由彭正雄所經營的文史哲出版社出版。

△二月十九日中午，葡萄園詩刊同仁在國軍英雄館餐聚，到會有林靜助、曾美玲、

杜紫楓、李再儀、台客、賴益成、金筑和我八人。大家商討今年七月十五日是葡萄園的五十大壽，準備好好慶祝。

△三月二十二日，倪麟生事業有成宴請同學《公館自來水博物館內》，到有：我、倪麟生、解定國、高立興、盧志德、曹茂林、郭龍春、童榮南、桑鴻文、李台新，共十人。

△《金秋六人行：鄭州山西之旅》出版（文史哲出版社，二〇一二年三月）。

△《從皈依到短期出家》（唐山出版社，二〇一二年四月）。

△《中國當代平民詩人王學忠》出版（文史哲出版社，二〇一二年四月）。

△《三月詩會二十年紀念別集》（文史哲出版社，二〇一二年六月）。

△五月十五日，第三一次44同學會（台大水源福利會館），到有：我、陳方烈、桑鴻文、解定國、高立興、童榮南、林鐵基、盧志德、周小強、金克強、曹茂林、李台新、倪麟生，共十三人。

△九月有三本書出版：《政治學方法論概說》、《西洋政治思想史概述》、《最自在的是彩霞》，文史哲出版社。

△十月二十二日，第三二次44同學會（台大水源福利會館），到有：我、解定國、高立興、童榮南、林鐵基、盧志德、李台新、桑鴻文、郭龍春、倪麟生、曹茂林、

周小強，共十二人。

△《台中開發史：兼龍井陳家移台略考》出版，文史哲出版，二〇一二年十一月。

△十二月到明年元月，大愛電視台記者紀儀羚、吳怡旻、導演王永慶和另三位攝影師，一行六人，來拍「陳福成講公館文史」專集節目，在大愛台連播兩次。

民國一〇二年（二〇一三）六十二歲

△元月十一日，參加「台大秘書室志工講習」，並為志工講「台大‧公館文史古蹟」（上午一小時課堂講解，下午三小時現場導覽）。

△元月十五日，「台大退休人員聯誼會」理監事在校本部第二會議室開會，並選舉第九屆理事長，我意外當選理事長，二二日完成交接，任期兩年。

△元月十七日，第三三次44同學會（台大水源福利會館），到有：我、倪麟生、林鐵基、桑鴻文、解定國、高立興、盧志德、周小強、曹茂林、郭龍春、陳方烈、余嘉生、童榮南，共十三人。

△二月，《嚴謹與浪漫之間：詩俠范揚松》出版，文史哲出版社。

△三月，當選「中國全民民主統一會」執行委員，任期到一〇三年三月二十八日。（會長王化榛）。

△三月，《讀詩稗記：蟾蜍山萬盛草齋文存》出版，文史哲出版社。

△五月，《與君賞玩天地寬：陳福成作品評論和迴響》、《古晟的誕生：陳福成60詩選》、《迷航記：黃埔情暨陸官44期一些閒話》三書出版，由文史哲出版社出版發行。

△五月十三日，第三四次44同學會（台大水源福利會館），到有：我、李台新、解定國、高立興、林鐵基、童榮南、盧志德、金克強、曹茂林、虞義輝、郭龍春、桑鴻文、陳方烈、倪麟生、余嘉生、共十五人。

△七月，《孫大公的思想主張書函手稿》、《日本問題終極處理》、《一信詩學研究》三書出版，均文史哲出版社。

△七月四日，鄭雅文、林錫嘉、彭正雄、曾美霞、落蒂和我共六個作家詩人，在「豆豆龍」餐廳開第一次籌備會，計畫辦詩刊雜誌，今天粗略交換意見，決定第二次籌備會提出草案。

△八月十三到十六日，參加佛光山「教師佛學夏令營」，同行尚有吳信義、關麗蘇。

△八月三十一日，為詩人朋友導覽公館古蹟，參加者有范揚松、藍清水夫婦、陳在和、吳明興、胡其德、吳家業、許文靜、鍾春蘭、封枚齡、傅明其。

△九月七日，上午在文協舉行《一信詩學研究》新書發表會及討論，由綠蒂主持。

△九月十日，假校總區第二會議室，主持「台大退休人員聯誼會」第九屆第四次理

監事聯席會議，會中由會員組組長陳志恆演講，題目「戲緣——京劇與我」。

△九月二七日，參加「台大文康會各分會負責人座談會暨85週年校慶籌備會議」，地點在台大巨蛋，由文康會主委江簡富教授（電機系）主持，各分會負責人數十人到場。

△十月七日，第三五次44同學會（改在北京樓），到有：我、余嘉生、解定國、虞義輝、童榮南、盧志德、郭龍春、桑鴻文、李台新、陳方烈、袁國台，共十一人。

△十月十二日，在天成飯店（火車站旁），參加「中國全民民主統一會」第七屆第二次執監委聯席會。討論會務發展及明春北京參訪事宜。

△十月十九日，由台大三個社團組織（教授聯誼會會長游若篍教授、職工聯誼會秘書楊華洲、退聯會理事長我本人）聯合舉辦「未婚聯誼」，在台大巨蛋熱鬧一天，到場有第二代子女近四十人參加。

△十一月九日，重慶西南大學文學系教授向天淵博士來台交流講學，中國詩歌藝術學會理事長林靜助先生，在錦華飯店邀請「兩岸比較文學論壇」，我和向教授在兩年前有一面之緣。

△十一月十二日，假校總區第二會議室，主持「台大退聯會」第十屆第五次理監事聯席會議。陳定中將軍蒞臨演講，題目「原子彈與曼哈頓計劃的秘密」，另討論十二月三日會員大會事宜。

△十一月十三日，小路（路復國同學）來台北開會，中午我和老袁（袁國台）與他相見，老袁請吃牛肉麵，我在「新光」高層請喝咖啡賞景。

△十一月二十四日，台大退聯會、教聯會和職工會合辦「兩性聯誼」活動，第三場在文山農場，場面熱鬧。

△十一月二十八日，晚上，台大校慶文康晚會在台大巨蛋舉行，退聯會臨時組合唱團由我吉他伴奏參加，也大受歡迎。

△十二月三日上午，台大退聯會在第一會議室舉行年度大會，近兩百教職員工參加，主秘林達德教授代表校長致詞，歷屆理事長（宣家驊將軍、方祖達教授、楊建澤教授、丁一倪教授）均參加，我自今年元月擔任理事長以來，各方反應似乎還算滿意。

△十二月十日，約黃昏時，岳父潘翔皋先生逝世，高壽九十四歲，福壽雙全，除老人退化病外，無任何重症，睡眠中無痛而去，真是福報。他們兒女決定簡約辦理，十七號舉行告別式。

△十二月十八日，中午，參加在「喜萊登」由鄭雅文小姐主持成立的「華文現代詩刊」，到會有主持鄭雅文、筆者及麥穗、莫渝、林錫嘉、范揚松帶秘書曾詩文、曾美霞、龔華、劉正偉、雪飛等。

△十二月二十二日，在「儷宴會館」（林森北路），參加44期北區同學會，改選理監事及會長，虞義輝當選會長，我當選監事。
△十二月三十日，這幾年，每年年終跨年，一群詩人、作家都在范揚松的大人物公司跨年，今年也是，這次有：范揚松、胡爾泰、方飛白、許文靜、傅明琪、劉坤靈、吳家業、梁錦鵬、吳明興、陳在和及筆者。

民國一〇三年（二〇一四）六十三歲

△元月五日，與妻隨台大登山會走樟山寺，到樟山寺後再單獨走到杏花林，中午在「龍門客棧」午餐，慶祝結婚第34年。
△元月九日，爆發「梁又平事件」（詳見《梁又平事件後：佛法對治風暴的沈思與學習》乙書）。
△元月十一日，在天成飯店參加「中國全民民主統一會」執監委員會，由會長王化榛主持，並確定三月北京行名單。
△元月十二日，與妻隨台大登山會走劍潭山，沿途風景優美。
△元月二十四日，參加台大志工講習會，會後參觀台大植博館。
△元月、二月，有三本書由文史哲出版，《把腳印典藏在雲端》、《台北的前世今生》、《奴婢妾匪到革命家之路：謝雪紅》。

△春節，那裡也沒去，每天照常在新店溪畔散步、寫作、讀書。

△二月九日，參加「台大登山會」新春開登，目的地是新莊牡丹心環山步道」，在泰山、林口接壤的牡丹山系，全天都下著不小的雨，考驗能耐。我和信義、俊歌兩位師兄，都走完全程，各領一百元紅包。

△二月十八日，中午與食科所游若篍教授共同主持兩個會，教授聯誼會邀請台北市教育局長林奕華演講，及「千歲宴」第二次籌備會。到會另有職工會秘書華洲兄、陳梅燕等十多人。

△二月廿一、廿二日，長青四家夫妻八人（虞、張、劉、我及內人們），在張哲豪的基隆「公館」度假，並討論四月花蓮行，決議四月十四、十五、十六共三天到花蓮玩。

△三月三日，中國文藝協會以掛號專函通知，榮獲第五十五屆中國文藝獎章文學創作獎，將於五月四日參加全國文藝節大會，接受頒獎表揚。

△三月八日，晚上在三軍軍官俱樂部文華廳，參加由中國文藝協會理事長王吉隆先生所主持的理監事聯席會，有理監事周玉山、蘭觀生、曾美霞、徐菊珍等十多人參加。

△三月十日，由台大教聯會主辦，退聯會和職工會協辦，邀請台北市教育局長林奕

華演講，主題關於十二年國教問題，中午十二時到下午一點三十圓滿完成（在台大第一會議室）。

△三月十六日，三月是台大的「杜鵑花節」，每年三月的假日，我們擔任台大秘書室的志工們，都輪值校門口「坐台」（服務台），招呼人山人海的參訪來賓。今天上午九時到下午一時我值班，下班立即前往第一殯儀館「鼎峰會館」，向陳宏大哥上香致敬，並以《漸凍勇士陳宏傳：他和劉學慧的傳奇故事》一書代香花素果，獻於陳大哥靈前。此因十八號他的追思會我在台大有兩個重要會議要開，向學慧師姊說了先來拈香，我也因寫了陳宏的回憶錄，和他有心靈感應，他也給我的人生有重大啟示，故向陳宏大哥獻書，願他一路好走，在西方極樂世界修行，別再重回六道，受人間諸苦。

△三月十八日，上午主持今年第一次「台大退休人員聯誼會」理監事會，並邀請吳信義學長會後演講，到有全體理監事各組長二十多人。下午參加校長楊泮池主持的「退休人員茶會」，按往例我參與茶會並在會中報告退聯會活動，陳志恆小姐隨同我參加，在現場「招兵買馬」，成效甚佳。

△三月二十日，上午到二殯參加海軍少將馬振崑將軍公祭（現役五十七歲），我以台大退聯會理事長身份主祭，信義和俊歌兩位師兄與祭。現場有高華柱、嚴明、葉昌桐等高級將領，至少有五十顆星星以上。

下午，到翔順旅行社（松江路）參加北京行會議，下週二共二十人參加這次訪問。

△三月二十一日，中餐，在「台大巨蛋」文康交誼廳，參加由台大文康委員會主委

江簡富教授（電機系）所主持，「一〇三年文康會預算會議」，到有台大教職員各社團負責人近三十人。

△三月廿五到三十日，應中國全民民主統一會會長王化棒先生及信義、俊歌兩位師兄之邀請，以特約記者的身份參加全統會北京、天津參訪團，全團二十人。我們拜會天津、北京的中國和平統一促進會、黃埔軍校同學會等。（詳見我所著《中國全民民主統一會北京天津行：兼略論全統會的過去現在和未來發展》，文史哲出版）

△四月十四、十五、十六，近半年來我積極推動的「長青家族花蓮行」，終於成真，內心感到安慰極了。回想五年多來，長青家族的聚會竟如同打烊，太氣人了。這件事能促成，比我在花蓮擁有一甲地更值得。這心聲在三天旅遊中我沒說出來，今只在此說給大家聽，義輝、阿妙、阿張、金燕、劉建、Linda 和我妻，「以心傳心」傳給你們聽！

△五月二日，由中國文藝協會主辦，行政院文建會贊助指導，第五十五屆文藝獎章得獎人，今天在部份平面媒體公告，下列是聯合報資料。後天就是「五四文藝節」，將在三軍軍官俱樂部盛大慶祝並頒獎。據聞，副總統吳敦義將親自主持。

联合報.103.5.2.

〈聯副文訊〉二則

中國文藝獎章名單揭曉

由中國文藝協會主辦的中國文藝獎章，本年度榮譽文藝獎章得主為：廖玉蕙（文學類）、崔小萍（影視類）、陳陽春（美術類）、張炳煌（書法類）。

第五十五屆文藝獎章獲獎人為：王盛弘（散文）、鯨向海（新詩）、田運良（詩歌評論）、梁欣榮（文學翻譯）、陳福成（專欄）、洪能仕（書法）、吳德和（雕塑）、張璐瑜（水彩）、劉家正（美術工藝）、林再生（攝影）、戴心怡（國劇表演）、李董峻（客家戲表演）、梁月嬰（戲曲推廣）、孫麗桃（民俗曲藝）、魏大為（音樂工作）、孫翠玲（舞蹈教學）、曾美霞、鄭雅文、鄖迅（文藝工作獎）楊寶華（文創及文化交流）、劉詠平（海外文藝工作獎）。（丹墀）

△五月四日，下午到晚上，參加全國文藝節及文藝獎章頒獎典禮，直到晚上的文藝晚會都在三軍軍官俱樂部。往年都是總統馬英九主持，今年他可能因母喪，改由副總統吳敦義主持。

△五月初的某晚，關雲的女兒打電話給我，媽媽走了！我很震驚，她是中國文藝協會會員、三月詩會詩友，六十五歲突然生病很快走了！怎不叫人感慨！

△五月二十日，籌備半年多的「台大退聯會千歲宴」，終於快到了，今天是退聯會上班日，大家做最後準備。中午到食科所午餐，三個分會（退聯會、教聯會、職工會），再開宴前會，確認全部參加名單和過程。

△五月廿二日，上午九點到下午兩點，千歲宴正式成功辦完，校長楊泮池教授也親臨致詞，和大家看表演、合照。今天到有八十歲以上長者近四十人，宣家驊將軍、方祖達教授等都到了。

△六月二日，今天端午節，中午在中華路典漾餐廳，由全統會會員（會長王化榛、秘書長吳信義、會員吳元俊，我等十多人），宴請天津來訪朋友，有些我們三月去天津已見過，他們到有：王平、劉正風、李偉宏、蔣金龍、錢鋼、商駿、吳曉琴、李衛新、賈群、陳朋，共十人。

△到六月止，近十個月來，完成出版的書有：《把腳印典藏在雲端：三月詩會詩人手稿詩》、《台北公館台大地區考古．導覽》、《我的革命檔案》、《中國全民民主統一會北京行》、《六十後詩雜記現代詩集》、《胡爾泰現代詩研究》、《從魯迅文學醫人魂救國魂說起》；另外，《臺大退聯會會務通訊》也正式出版，第

一版先給理監事會看，年底會員大會再印贈會員。

△六月十一日，《臺大會訊》報導「千歲宴」盛況如下：

《臺大校訊》·二〇一四年六月十一日·第四版·

退休人員 職工及教師聯誼分會舉辦千歲宴活動

爲關懷退休人員較年長者平常較少於校園活動，文康會退休人員、職工及教師三個聯誼分會5月24日假綜合體育館文康室舉辦80歲以上「千歲宴」活動。出席名單包括：教務處課務組主任郭輔義先生、軍訓室總教官宣家驊、軍訓室教官鍾鼎文、軍訓室教官鄭義峰、總務處保管組股長林 參、總務處蕭添壽先生、總務處翁仙啓先生、圖書館組員柯環月女士、圖書館閱覽組股長王鴻龍、文學院人類系組員周崇德、理學院動物系教授李學勇、法學院王忠先生、法學院工王本源先生、醫學院組員洪林寶祝、醫學院組員連興潮、工學院電機系教授楊維禎、農學院生工系教授徐玉標、農學院園藝系教授方祖達、農學院技正路統信、農學院園藝系教授康有德、附設醫院護士曾廖日妹、農業陳列館主任劉天賜、圖書館組員紀張素瑩、附設醫院組員宋麗音、理學院海洋所技正鄭展堂、理學院化學系技士林添丁、附設醫院組員葉秀琴、附設醫院技佐王瓊瑛、附設醫院技士劉人宏、農學院農化系教授楊建澤、農學院農經系教授許文富、園藝系教授洪 立、農學院森林系教授汪 淮、軍訓室教官茹道泰、電機系技正郡依俤。

△六月十三日，上午率活動組長關麗蘇、會員組長陳志恆、文康組長許秀錦，拜會位於新店的天帝教總會，他們有劉曉蘋、李雪允、郝寶驥、陳啟豐、陳己人等多位接待我們。議決九月十七日，台大退聯會組團（40人）參訪天帝教的天極行宮（在台中清水）。會後，中午在總會吃齋飯。

△六月十七日，主持台大退聯會理監事會，我主要報告《會務通訊》出版事宜，經

費籌劃等。

△六到七月，我的《華夏春秋》雜誌打烊後，曾有大陸朋友要在大陸復刊，江蘇的高保國搞一期又打烊了。最近遼寧的金土先生復刊成功，希望他能長長久久辦下去。以下是創刊號的封面和內首頁。

本刊社長陳福成 2009 年於西南大學留影。

葫蘆島市環保局局長、本刊顧問羅建彪題。

△到八月止：在文史哲出版社完成出版的著作，七、八月有：《留住末代書寫的身影》、《我這輩子幹了什麼好事》、《「外公」和「外婆」的詩》、《中國全民民主統一會北京天津行》。

△八月一到五日，參加「二〇一四佛光山佛學夏令營」，今年主題是「戒定慧」。同行的好友尚有：吳信義、吳元俊、關麗蘇、彭正雄。

△八月二十六日，主持「台大退休人員回娘家」聯歡餐會，在「台大巨蛋」文康室熱鬧一天，近百會員參加。

△九月二日，主持「台大退聯會」第九屆第七次理監事會，我在會中發表〈不連任、不提名聲明書〉，但全體理監事堅持要我接受提名連任，只好從善如流，接受承擔。

△九月十六日，下午參加由校長楊泮池教授主持的「退休人員茶會」，我的任務是報告「台大退聯會」概況並積極「招兵買馬」。

△九月十七日，率台大退休人員一行40人，到台中清水參訪「天帝教天極行宮」。

△九月到十月間，退聯會、聯合服務中心，工作和值班都照常，多的時間寫作、運動，日子好過，天下已不可為，就別想太多了。

△十一月四日，主持「台大退聯會」第九屆第八次理監事會，也是為下月二日年度

會員大會的籌備會，圓滿完成。

十二月二日，主持「台灣大學退休人員聯誼會」第九屆2014會員大會，所提名十五位理事、五位監事全數投票通過，成為下屆理監事。

△十二月十三日，下午參加《陸官44期同學理監事會》，會後趕回台大參加社團幹部座談、餐會。

△十二月十四日，三軍軍官俱樂部參加「中華民國新詩學會」理監事會。

△台大秘書室志工午餐（在鹿鳴堂），到有：叢曼如、孫茂鈴、郭麗英、朱堂生、吳元俊、吳信義、孫洪法、鄭美娟、簡碧惠、王淑孟、楊長基、宋德才、陳蓓蒂、許詠婕、郭正鴻、陳美玉、王來伴、蘇克特、許文俊、林玟妤來賓和筆者共21人。

△關於民一〇二、一〇三年重要工作行誼記錄，另詳見《台灣大學退休人員聯誼會第九任理事長記實》一書，文史哲出版。

民國一〇四年（二〇一五）六十四歲

△元月六日，主持「台大退休人員聯誼會」第十屆理監事，在校本部第二會議室開會投票，我連任第十屆理事長。

△關於民一〇四、一〇五年重要工作行誼記錄，詳見《台灣大學退休人員聯誼會第十任理事長記實暨2015 2016事件簿》（計畫出版）為準。